Emprende con Éxito
Descubre los Secretos de los Emprendedores Triunfadores

1.- Introducción
1.1.- Presentación del autor y su experiencia en negocios y emprendimiento.
1.2.- Objetivos del libro y a quién está dirigido.

2.- Fundamentos del emprendimiento
2.1.- Definición de emprendimiento y su importancia en la economía.
2.2.- Características y habilidades clave de los emprendedores exitosos.
2.3.- Identificación de oportunidades de negocio y generación de ideas.

3.- Planificación empresarial
3.1.- Importancia de un plan de negocios y cómo desarrollarlo.
3.2.- Análisis del mercado y la competencia.
3.3.- Definición de la propuesta de valor y estrategia empresarial.

4.- Finanzas para emprendedores
4.1.- Aspectos básicos de la gestión financiera en los negocios.
4.2.- Estimación de costos, ingresos y proyecciones financieras.
4.3.- Fuentes de financiamiento y estrategias de financiación.

5.- Marketing y ventas
5.1.- Estrategias de marketing para posicionar el negocio en el mercado.
5.2.- Desarrollo de una estrategia de marca efectiva.
5.2.- Técnicas de venta y construcción de relaciones

con los clientes.

6.- Gestión de operaciones
6.1.- Organización y estructura empresarial.
6.2.- Gestión eficiente de los recursos humanos y los procesos operativos.
6.3.- Implementación de sistemas de calidad y mejora continua.

7.- Innovación y tecnología
7.1.- Importancia de la innovación en el entorno empresarial actual.
7.2.- Incorporación de tecnología en los procesos de negocio.
7.3.- Estrategias para fomentar la creatividad y la innovación en la empresa.

8.- Gestión del crecimiento y la expansión
8.1.- Estrategias para escalar el negocio y alcanzar el crecimiento sostenible.
8.2.- Consideraciones legales y financieras en el proceso de expansión.
8.3.- Gestión de riesgos y superación de obstáculos en el camino.

9.- Ética y responsabilidad social empresarial
9.1.- Importancia de la ética empresarial y la responsabilidad social.
9.2.- Integración de valores y principios en la toma de decisiones empresariales.
9.3.- Impacto positivo en la comunidad y el medio ambiente.

10.- Casos de estudio y lecciones aprendidas

10.1.- Análisis de casos reales de emprendedores y empresas exitosas.

10.2.- Lecciones aprendidas de situaciones empresariales específicas.

10.3.- Inspiración y motivación para los emprendedores.

11.- Conclusiones y consejos finales

11.1.- Recapitulación de los puntos clave del libro.

11.2.- Consejos prácticos para los emprendedores y aspirantes a emprendedores.

11.3.- Mensaje final de motivación y empoderamiento.

1.- Introducción

1.1.- Presentación del autor y su experiencia en negocios y emprendimiento.

Como autor de este libro sobre negocios y emprendimiento, me complace compartir mi experiencia y conocimientos adquiridos a lo largo de mi trayectoria como emprendedor en Sudamérica. Aunque prefiero mantenerme en el anonimato, puedo contarte un poco sobre mi historia y cómo he llegado a este punto.

Nacido y criado en Sudamérica, desde temprana edad tuve una pasión innata por el mundo empresarial. Inspirado por el espíritu emprendedor y la búsqueda de la independencia financiera, me embarqué en la creación de varios negocios a lo largo de los años. Si bien algunos de ellos no alcanzaron el éxito esperado y tuvieron que cerrarse, cada experiencia me brindó valiosas lecciones y fortaleció mi determinación para seguir adelante.

Uno de los aspectos más enriquecedores de mi camino empresarial ha sido la capacidad de adaptación y aprendizaje constante. En un entorno empresarial competitivo y en constante cambio, me he visto obligado a enfrentar desafíos y encontrar soluciones creativas para mantenerme a flote. A través de los altibajos y las dificultades, he aprendido que el fracaso no es el fin, sino una oportunidad para crecer y evolucionar.

Los negocios en los que he participado han abarcado diversos sectores, desde comercio minorista hasta servicios en línea y consultoría. A lo largo de mi trayectoria, he experimentado tanto el éxito como el fracaso, lo que me ha brindado una perspectiva realista y práctica sobre las realidades del mundo empresarial.

Es importante destacar que, gracias a mis negocios anteriores, he logrado asegurar mi sustento y mantenerme financieramente estable. La capacidad de crear y administrar empresas ha sido una fuente de ingresos constante en mi vida y me ha brindado la libertad y la flexibilidad para perseguir mis pasiones y proyectos.

Mi objetivo al escribir este libro es compartir mi experiencia y conocimientos adquiridos a lo largo de mi trayectoria empresarial. Reconozco que el camino del emprendimiento puede ser desafiante y en ocasiones solitario, por lo que quiero brindar orientación, inspiración y consejos prácticos a aquellos que buscan embarcarse en su propio viaje empresarial.

A lo largo de estas páginas, encontrarás estrategias, herramientas y ejemplos prácticos que te ayudarán a navegar por los desafíos del emprendimiento, aprovechar las oportunidades y lograr el éxito en tus proyectos empresariales. Recuerda que cada experiencia es única y que el aprendizaje continúa a lo largo de todo el camino.

Espero que este libro te brinde la motivación y las herramientas necesarias para emprender con confianza y alcanzar tus metas en el apasionante mundo de los negocios.

¡Adelante, emprendedor! Juntos, exploraremos el fascinante mundo del emprendimiento y descubriremos las claves para convertir tus sueños en realidad.

1.2.- Objetivos del libro y a quién está dirigido.

Este libro sobre negocios y emprendimiento tiene como objetivo proporcionar a los lectores una guía práctica y completa que los acompañe en su viaje empresarial. A través de mis experiencias personales y los conocimientos adquiridos a lo largo de los años, me propongo alcanzar los siguientes objetivos:

1.2.1- **Inspirar y motivar:** Deseo inspirar a los emprendedores en ciernes y a aquellos que ya han comenzado su propio negocio, brindándoles ejemplos reales y herramientas prácticas para superar los desafíos y mantener la motivación en el camino.

1.2.2- **Compartir conocimientos y experiencias:** Mi objetivo es compartir tanto mis éxitos como mis fracasos para que los lectores puedan aprender de mis experiencias y evitar cometer los mismos errores. Quiero proporcionarles una base sólida de conocimientos empresariales y estrategias probadas que puedan aplicar en sus propios proyectos.

1.2.3- Proporcionar consejos y orientación práctica: A lo largo del libro, encontrarás consejos prácticos y técnicas probadas que te ayudarán a desarrollar habilidades clave, tomar decisiones informadas y superar los obstáculos comunes en el camino del emprendimiento.

1.2.4- Fomentar el pensamiento creativo e innovador: La innovación es fundamental en el mundo empresarial actual. A través de ejercicios y enfoques innovadores, te animaré a pensar fuera de lo convencional y a encontrar soluciones únicas para diferenciarte en el mercado.

1.2.5- Promover la ética empresarial y la responsabilidad social: Considero que el éxito empresarial va más allá de los beneficios financieros y abarca la ética y la responsabilidad social. En este libro, exploraremos cómo puedes construir un negocio que tenga un impacto positivo en la comunidad y el medio ambiente.

Este libro está dirigido a todas aquellas personas que tienen una pasión por los negocios y el emprendimiento, sin importar su nivel de experiencia. Está diseñado para:

1.2.6- Aspirantes a emprendedores: Si tienes una idea de negocio y sueñas con convertirte en emprendedor, este libro te proporcionará las herramientas y los conocimientos necesarios para comenzar tu viaje empresarial con confianza.

1.2.7- Emprendedores principiantes: Si ya has iniciado tu propio negocio, pero te enfrentas a desafíos y obstáculos, este libro te brindará orientación práctica para superarlos y lograr el éxito sostenible.

1.2.8- Emprendedores experimentados: Incluso si tienes experiencia en el mundo empresarial, siempre hay nuevas estrategias y enfoques que puedes aprender. Este libro te proporcionará nuevas ideas y perspectivas para impulsar tu negocio al siguiente nivel.

1.2.8- Estudiantes y académicos: Este libro también puede ser una herramienta valiosa para estudiantes y académicos que deseen obtener una comprensión práctica de los conceptos y principios empresariales, respaldados por ejemplos reales.

No importa en qué etapa te encuentres en tu viaje empresarial, este libro te ayudará a adquirir los conocimientos, habilidades y perspectivas necesarios para alcanzar el éxito en el apasionante mundo de los negocios y el emprendimiento.

2.- Fundamentos del emprendimiento

2.1.- Definición de emprendimiento y su importancia en la economía.

El emprendimiento es un concepto fundamental en el mundo empresarial y se refiere a la capacidad de identificar oportunidades, crear y gestionar nuevos negocios, asumiendo los riesgos asociados. Un emprendedor es alguien que muestra iniciativa, creatividad y determinación para transformar ideas en realidades concretas.

En la actualidad, el emprendimiento desempeña un papel crucial en la economía global. A continuación, exploraremos la definición del emprendimiento y su importancia en el desarrollo económico:

2.1.1- Definición de emprendimiento:

El emprendimiento implica más que simplemente iniciar un negocio. Es un proceso integral que abarca la generación de ideas, la creación de productos o servicios innovadores, el desarrollo de estrategias empresariales, la gestión de recursos y la toma de decisiones. Los emprendedores buscan oportunidades en el mercado, identifican necesidades no satisfechas y crean soluciones que generan valor.

Los emprendedores se caracterizan por su mentalidad proactiva y su disposición a asumir riesgos. Están dispuestos a enfrentar desafíos y fracasos, aprendiendo de ellos y adaptándose rápidamente a los cambios del entorno empresarial.

2.1.2- Importancia del emprendimiento en la economía:

El emprendimiento es un motor clave para el crecimiento económico y el desarrollo sostenible. A continuación, se destacan algunas razones que resaltan su importancia:

- a) **Generación de empleo:** Los emprendedores crean nuevas empresas, lo que a su vez genera empleo y contribuye a reducir la tasa de desempleo en una sociedad. Estas nuevas empresas también suelen ser fuentes de innovación y oportunidades de carrera para los individuos.

b) **Innovación y avance tecnológico:** Los emprendedores son impulsores de la innovación y el avance tecnológico. Su capacidad para identificar oportunidades y desarrollar soluciones creativas conduce a la introducción de nuevos productos, servicios y procesos que mejoran la eficiencia y la calidad en diversos sectores de la economía.

c) **Fomento de la competencia y la productividad:** La entrada de nuevos emprendedores en un mercado aumenta la competencia, lo que estimula la mejora de la productividad y la eficiencia en las empresas establecidas. Los emprendedores a menudo desafían las normas existentes y ofrecen alternativas que obligan a las empresas a adaptarse y mejorar.

d) **Impulso al desarrollo regional:** El emprendimiento puede tener un impacto significativo en el desarrollo regional. Al fomentar la creación de nuevas empresas en áreas geográficas específicas, se promueve el crecimiento económico, se reducen las desigualdades y se fomenta la diversificación económica.

e) **Atracción de inversión:** Los ecosistemas emprendedores prósperos y dinámicos tienden a atraer inversión tanto nacional como extranjera. Los inversores reconocen el potencial de crecimiento y las oportunidades generadas por los emprendedores, lo que impulsa la actividad económica y la creación de riqueza.

En resumen, el emprendimiento es un catalizador clave para el crecimiento económico, la creación de empleo, la innovación y la mejora de la competitividad. Los emprendedores desempeñan un papel fundamental en la transformación de las economías y la generación de impacto social.

2.2.- Características y habilidades clave de los emprendedores exitosos.

El emprendimiento exitoso requiere una combinación de características personales y habilidades específicas. A continuación, se presentan algunas de las características y habilidades clave que suelen estar presentes en los emprendedores exitosos:

2.2.1- Visión y creatividad: Los emprendedores exitosos tienen una visión clara del futuro y la capacidad de identificar oportunidades donde otros no las ven. Son visionarios que pueden imaginar posibilidades y desarrollar ideas innovadoras. La creatividad es fundamental para generar soluciones originales y diferenciarse en el mercado.

2.2.2- Pasión y motivación intrínseca: Los emprendedores exitosos están impulsados por una pasión intrínseca por lo que hacen. Tienen una fuerte motivación interna que los impulsa a superar obstáculos y perseverar en tiempos difíciles. Esta pasión les permite mantenerse enfocados y comprometidos a largo plazo.

2.2.3- Mentalidad orientada a la acción: Los emprendedores exitosos son personas de acción. Toman decisiones rápidas y están dispuestos a asumir riesgos calculados. No se conforman con solo idear planes, sino que los ejecutan de manera efectiva y eficiente. Aprenden de sus errores y ajustan su enfoque según sea necesario.

2.2.4- Tolerancia al fracaso y resiliencia: El fracaso es parte integral del camino del emprendimiento. Los emprendedores exitosos comprenden que los contratiempos y los errores son oportunidades de aprendizaje. Tienen una mentalidad resiliente y la capacidad de recuperarse rápidamente de los reveses. Ven los fracasos como escalones hacia el éxito y no se desalientan fácilmente.

2.2.5- Orientación al aprendizaje y la mejora continua: Los emprendedores exitosos son aprendices constantes. Buscan activamente el conocimiento y la información relevante para su industria. Están dispuestos a adaptarse y actualizarse en un entorno empresarial en constante cambio. Aprovechan las oportunidades de capacitación y mentoría para mejorar sus habilidades y conocimientos.

2.2.6- Habilidades de liderazgo y gestión: Los emprendedores exitosos poseen habilidades de liderazgo efectivas. Saben cómo inspirar y motivar a su equipo, delegar responsabilidades y tomar decisiones informadas. Además, tienen habilidades de gestión para administrar recursos, establecer metas claras y tomar medidas para lograr resultados.

2.2.7- **Red de contactos y habilidades de networking:** Los emprendedores exitosos entienden el valor de las relaciones comerciales. Construyen una red sólida de contactos y saben cómo aprovechar esas conexiones para obtener recursos, colaboraciones y oportunidades de crecimiento. Tienen habilidades de networking para establecer y mantener relaciones duraderas con socios comerciales, clientes y profesionales relevantes en su industria.

2.2.8- **Orientación al cliente y capacidad de adaptación:** Los emprendedores exitosos ponen al cliente en el centro de sus decisiones y acciones. Comprenden las necesidades y deseos del cliente y se esfuerzan por ofrecer productos o servicios de calidad que los satisfagan. También son flexibles y tienen la capacidad de adaptarse rápidamente a las

2.2.9- **Pensamiento estratégico:** Los emprendedores exitosos tienen la capacidad de pensar a largo plazo y de desarrollar estrategias sólidas. Pueden identificar las mejores oportunidades de crecimiento y tomar decisiones informadas para alcanzar sus objetivos empresariales.

2.2.10- **Habilidades de comunicación efectiva:** Los emprendedores exitosos son buenos comunicadores. Saben cómo transmitir sus ideas de manera clara y persuasiva a diferentes audiencias, ya sea a clientes, inversores, empleados o socios comerciales. También son buenos oyentes y valoran las opiniones y perspectivas de los demás.

2.2.11- **Capacidad de delegación:** Los emprendedores exitosos comprenden la importancia de delegar tareas y responsabilidades. Tienen la capacidad de identificar las fortalezas y habilidades de su equipo y asignarles las tareas adecuadas. La delegación efectiva les permite concentrarse en las actividades estratégicas y de alto nivel.

2.2.12- Orientación al aprendizaje y adaptabilidad: Los emprendedores exitosos son aprendices de por vida. Están dispuestos a adquirir nuevos conocimientos, habilidades y perspectivas. Además, son adaptables y flexibles, capaces de ajustarse a los cambios del mercado y tomar decisiones rápidas y efectivas en entornos empresariales cambiantes.

2.2.13- Ética y responsabilidad empresarial: Los emprendedores exitosos actúan con integridad y ética en todas sus operaciones comerciales. Valoran la responsabilidad social y medioambiental, y buscan crear un impacto positivo en la sociedad. Mantienen altos estándares de conducta y promueven la transparencia en sus acciones.

2.2.14- Capacidad de manejar la incertidumbre: El entorno empresarial está lleno de incertidumbre y riesgos. Los emprendedores exitosos son capaces de manejar y mitigar la incertidumbre, tomando decisiones basadas en la información disponible y evaluando los posibles escenarios. Son resolutivos y no se paralizan por el miedo al fracaso.

2.2.15- Persistencia y determinación: El camino del emprendimiento está lleno de desafíos y obstáculos. Los emprendedores exitosos son persistentes y tienen una mentalidad de "no rendirse". Están dispuestos a superar contratiempos y fracasos, manteniendo la determinación para alcanzar sus metas empresariales a largo plazo.

Recuerda que estas características y habilidades son deseables en los emprendedores exitosos, pero también es importante reconocer que cada persona tiene fortalezas y áreas de mejora únicas. El desarrollo de estas habilidades puede llevar tiempo y esfuerzo, pero con perseverancia y enfoque, se pueden potenciar y desarrollar para lograr el éxito emprendedor.

2.3.- Identificación de oportunidades de negocio y generación de ideas.

La identificación de oportunidades de negocio y la generación de ideas innovadoras son etapas fundamentales en el proceso emprendedor. A continuación, se presentan algunas estrategias y enfoques clave para identificar oportunidades y generar ideas de negocio:

2.3.1- **Investigación de mercado:** Realiza un análisis exhaustivo del mercado en el que deseas incursionar. Examina las tendencias actuales, las necesidades no satisfechas, los nichos emergentes y las demandas del consumidor. Utiliza herramientas como encuestas, entrevistas, análisis de datos y observación directa para recopilar información valiosa.

2.3.2- **Observa tus propias experiencias y pasiones:** Reflexiona sobre tus propias experiencias, habilidades y pasiones. Considera cómo puedes combinar tus conocimientos y habilidades con las necesidades del mercado. Identifica áreas en las que puedas agregar valor y ofrecer soluciones innovadoras.

2.3.3- **Escucha a los clientes y usuarios:** Mantén una comunicación constante con tus clientes potenciales y existentes. Escucha sus opiniones, sugerencias y necesidades. Las conversaciones con los clientes pueden generar ideas valiosas y te ayudarán a comprender mejor las demandas del mercado.

2.3.4- **Observa a la competencia:** Analiza a tus competidores directos e indirectos. Identifica las brechas y oportunidades en su oferta. Examina cómo puedes diferenciarte y ofrecer algo único y atractivo para los clientes.

2.3.5- **Mantente al tanto de las tendencias y cambios en el entorno:** Presta atención a las tendencias emergentes, los avances tecnológicos y los cambios en la sociedad y la economía. Estar al tanto de los cambios te permitirá identificar oportunidades antes que otros y adaptarte rápidamente a las nuevas condiciones del mercado.

2.3.6- Aplica técnicas de pensamiento creativo: Utiliza técnicas como el pensamiento lateral, el brainstorming y la asociación de ideas para generar nuevas perspectivas y enfoques. Estas técnicas te ayudarán a explorar diferentes caminos y a pensar fuera de lo convencional.

2.3.7- Colabora y busca inspiración externa: Busca oportunidades de colaboración con otros profesionales, emprendedores o expertos en tu campo. Participa en eventos, conferencias y comunidades relacionadas con tu industria. La interacción con personas con ideas afines puede generar inspiración y abrir nuevas puertas.

2.3.8- Evalúa la viabilidad y el potencial de las ideas: Una vez que hayas generado varias ideas de negocio, evalúa su viabilidad. Examina factores como la demanda del mercado, la competencia, los recursos necesarios y las barreras de entrada. Prioriza aquellas ideas que tengan un mayor potencial de éxito y se ajusten a tus recursos y capacidades.

Recuerda que la identificación de oportunidades y la generación de ideas es un proceso continuo. Mantén una mentalidad abierta, dispuesta a aprender y adaptarte según las demandas cambiantes del mercado.

3.- Planificación empresarial

3.1.- Importancia de un plan de negocios y cómo desarrollarlo.

Un plan de negocios es una herramienta fundamental para cualquier emprendedor. Proporciona una hoja de ruta clara y detallada que ayuda a definir la visión, los objetivos y las estrategias de una empresa. A continuación, se detalla la importancia de un plan de negocios y cómo desarrollarlo:

3.1.1- **Claridad y enfoque:** Un plan de negocios permite establecer una visión clara y definir los objetivos a corto y largo plazo de la empresa. Ayuda a los emprendedores a comprender a dónde quieren llegar y cómo piensan lograrlo. Proporciona un marco de referencia que permite tomar decisiones estratégicas y mantener el enfoque en el crecimiento y la rentabilidad.

3.1.2- **Identificación de oportunidades y desafíos:** Al desarrollar un plan de negocios, los emprendedores deben realizar un análisis exhaustivo del mercado, la competencia y las tendencias. Esto les permite identificar oportunidades potenciales y anticipar desafíos y riesgos. El proceso de investigación y análisis brinda una comprensión más profunda del entorno empresarial y ayuda a tomar decisiones informadas.

3.1.3- **Atracción de inversores y financiamiento:** Un plan de negocios bien elaborado es esencial para atraer inversores y obtener financiamiento. Los inversores y las instituciones financieras evalúan la viabilidad y el potencial de un negocio a través del plan de negocios. Proporciona información clave sobre la propuesta de valor, el mercado objetivo, las estrategias de marketing, las proyecciones financieras y el retorno de la inversión. Un plan sólido aumenta las posibilidades de obtener el respaldo financiero necesario para el crecimiento de la empresa.

3.1.4- **Guía operativa y organizativa:** Un plan de negocios ayuda a establecer una estructura organizativa clara y a definir las responsabilidades y funciones de cada miembro del equipo. También establece los procesos operativos, los sistemas y las políticas que deben implementarse para el funcionamiento eficiente de la empresa. Actúa como una guía práctica para administrar y operar el negocio de manera efectiva.

3.1.5- Evaluación y seguimiento del progreso: Un plan de negocios proporciona métricas y metas específicas que permiten evaluar y hacer un seguimiento del progreso de la empresa. Permite comparar los resultados reales con las proyecciones y realizar ajustes estratégicos si es necesario. También facilita la identificación de áreas de mejora y oportunidades de crecimiento.

En cuanto al desarrollo de un plan de negocios, se recomienda seguir estos pasos:

3.1.6- Resumen ejecutivo: Es una descripción concisa del negocio, su propuesta de valor única, los objetivos principales y las estrategias clave.

3.1.7- Descripción del negocio: Detalla la visión, misión, valores, estructura legal, productos o servicios ofrecidos y características distintivas del negocio.

3.1.8- Análisis de mercado: Examina el mercado objetivo, la competencia, las tendencias, el tamaño del mercado y las oportunidades identificadas.

3.1.9- Estrategia de marketing: Define las estrategias de posicionamiento, segmentación de mercado, canales de distribución, estrategias de promoción y fijación de precios.

3.1.10- Organización y gestión: Describe la estructura organizativa, el equipo de gestión, las responsabilidades y las competencias clave.

3.1.11- Plan operativo: Detalla los procesos operativos, los proveedores, los recursos necesarios y las políticas operativas.

3.1.12- Proyecciones financieras: Incluye estados financieros proyectados, como el estado de resultados, el balance general y el flujo de efectivo. También considera el análisis de viabilidad financiera y el punto de equilibrio.

3.1.13- Estrategia de salida: En caso de que se planee una eventual venta o salida del negocio, se debe incluir una estrategia de salida clara y viable.

Recuerda que el plan de negocios debe ser flexible y estar sujeto a actualizaciones a medida que evoluciona el entorno empresarial y se adquiere más información. Mantenerlo actualizado y revisarlo regularmente garantizará su relevancia y utilidad a lo largo del tiempo.

EJEMPLO

Resumen ejecutivo:
- **Descripción concisa:** "Nuestro negocio, ABC Tech, es una empresa de desarrollo de software especializada en soluciones personalizadas para empresas en el sector de la salud. Nuestro objetivo es proporcionar software innovador y de alta calidad que mejore la eficiencia y la atención al paciente en hospitales y clínicas."
- **Objetivos principales:** "Nuestros principales objetivos son alcanzar una cuota de mercado del 10% en nuestra región en los próximos dos años, establecer alianzas estratégicas con proveedores de equipos médicos y generar un ingreso anual de $1 millón."
- **Estrategias clave:** "Para lograr nuestros objetivos, implementaremos una estrategia de marketing digital enfocada en la generación de leads y la participación en ferias y conferencias del sector. Además, nos centraremos en la mejora continua de nuestros productos a través de la retroalimentación de los clientes."

Descripción del negocio:
- **Visión:** "Ser líderes en el mercado de soluciones tecnológicas para el sector de la salud, mejorando la calidad de vida de los pacientes y la eficiencia de los profesionales médicos."
- **Misión:** "Proporcionar software personalizado y de vanguardia

que optimice los procesos clínicos, mejore la toma de decisiones médicas y fomente la comunicación entre los equipos de atención médica."
- **Características distintivas:** "Nuestro enfoque se basa en la integración de tecnologías de vanguardia, como inteligencia artificial y análisis de datos, para brindar soluciones eficientes y escalables que se adapten a las necesidades específicas de cada institución médica."

Análisis de mercado:
- **Mercado objetivo:** Hospitales y clínicas privadas en la región X.
- **Competencia:** Analizar a los principales competidores en el mercado y destacar las ventajas competitivas de ABC Tech, como precios competitivos, soluciones personalizadas y servicio al cliente excepcional.
- **Tendencias:** Identificar tendencias actuales en el sector de la salud, como la adopción de registros electrónicos de salud, telemedicina y enfoque en la seguridad de los datos.

Estrategia de marketing:
- **Posicionamiento:** "ABC Tech se posicionará como el proveedor líder de soluciones de software personalizadas y de alta calidad para el sector de la salud en la región X".
- **Segmentación de mercado:** Segmentar el mercado objetivo en base a criterios como tamaño de la institución, especialidad médica y ubicación geográfica.
- **Estrategias de promoción:** Desarrollar campañas de marketing digital, participar en ferias y conferencias del sector, establecer alianzas con influencers y publicar contenido relevante en blogs y redes sociales.

Estos son solo ejemplos y puedes adaptarlos según tu propio enfoque de negocio. Recuerda que cada plan de negocios es único y debe reflejar las características y objetivos específicos de tu emprendimiento.

3.2.- Análisis del mercado y la competencia.

El análisis del mercado y la competencia es un componente crítico del plan de negocios. Proporciona una comprensión profunda del entorno empresarial en el que operará tu negocio y te permite identificar oportunidades, amenazas y ventajas competitivas. A continuación, se presenta un enfoque para llevar a cabo este análisis:

- **Definición del mercado objetivo:** Describe claramente el segmento de mercado al que tu producto o servicio se dirige. Esto puede ser por características demográficas, geográficas o conductuales.
- **Tamaño del mercado:** Estima el tamaño total del mercado y el tamaño del mercado disponible para tu negocio. Esto se puede hacer a través de investigaciones de mercado, datos del sector y análisis de tendencias.
- **Tendencias del mercado:** Identifica las principales tendencias, cambios y factores impulsadores del mercado. Esto puede incluir avances tecnológicos, cambios en la regulación, cambios en el comportamiento del consumidor y preferencias emergentes.
- **Análisis de la demanda:** Evalúa la demanda actual y futura de tu producto o servicio. Examina los factores que impulsan la demanda, como las necesidades insatisfechas del mercado, los problemas existentes en la industria y las oportunidades de mejora.
- **Análisis de la competencia:** Identifica a tus principales competidores directos e indirectos. Analiza sus fortalezas, debilidades, estrategias de marketing, posición en el mercado y cuota de mercado.
- **Ventajas competitivas:** Determina las ventajas competitivas que posee tu negocio. Esto puede ser a través de características únicas del producto, precios competitivos, distribución eficiente, relaciones con clientes o conocimientos especializados.
- **Barreras de entrada:** Examina las barreras que existen para ingresar al mercado, como costos de entrada, regulaciones gubernamentales, patentes o acuerdos exclusivos con proveedores clave. Evalúa cómo estas barreras pueden afectar tu capacidad para competir.

- **Análisis FODA:** Realiza un análisis FODA (Fortalezas, Oportunidades, Debilidades y Amenazas) para evaluar interna y externamente tu negocio. Identifica tus fortalezas y debilidades internas, así como las oportunidades y amenazas externas que enfrenta tu negocio.

Utiliza la información recopilada en este análisis para informar tus estrategias de marketing, desarrollo de productos y posicionamiento en el mercado. Mantén un enfoque continuo en el monitoreo del mercado y la competencia para adaptar tu negocio a medida que evoluciona el entorno empresarial.

EJEMPLO

- **Definición del mercado objetivo:** Nuestro mercado objetivo son los jóvenes profesionales de entre 25 y 35 años que viven en áreas urbanas. Nos enfocamos en aquellos que buscan una solución de entrega de comidas saludables y convenientes.
- **Tamaño del mercado:** Según estudios de mercado, el tamaño total del mercado de entrega de comidas en nuestras áreas objetivo se estima en $X millones al año. Se proyecta un crecimiento anual del X% debido a la demanda creciente de opciones de alimentos saludables y prácticas.
- **Tendencias del mercado:** Existe una creciente conciencia sobre la importancia de una alimentación saludable y el deseo de evitar alimentos procesados. Además, hay una tendencia en alza de los consumidores que buscan opciones de entrega de alimentos para ahorrar tiempo y conveniencia.
- **Análisis de la demanda:** La demanda de entrega de comidas saludables está en aumento debido a la falta de tiempo para cocinar, la preocupación por la nutrición y el estilo de vida acelerado. Los estudios de mercado indican que el X% de los encuestados están dispuestos a pagar un precio premium por comidas saludables entregadas en su puerta.
- **Análisis de la competencia:** Nuestros principales competidores directos son las empresas de entrega de comidas establecidas en nuestra área, como Healthy Eats y FitMeals. Estos competidores ofrecen opciones de alimentos saludables, pero carecen de un enfoque específico en la conveniencia y la personali-

zación de las comidas.
- **Ventajas competitivas:** Nuestra ventaja competitiva se basa en la personalización de las comidas según las necesidades y preferencias de cada cliente, así como en la entrega rápida y confiable. También ofrecemos opciones dietéticas especializadas, como vegetarianas, sin gluten y bajas en carbohidratos.
- **Barreras de entrada:** Las barreras de entrada para ingresar al mercado incluyen la necesidad de establecer relaciones sólidas con proveedores de alimentos frescos y saludables, así como la inversión en tecnología para el sistema de pedidos y entrega eficiente.
- **Análisis FODA:** Fortalezas: Experiencia en la industria alimentaria, capacidad para personalizar las comidas según las preferencias del cliente. Oportunidades: Crecimiento del mercado de entrega de comidas saludables, colaboraciones con gimnasios y centros de bienestar. Debilidades: Dependencia de terceros para la entrega, necesidad de construir una marca sólida. Amenazas: Competencia creciente en el mercado de entrega de comidas saludables, fluctuaciones en los precios de los alimentos.

Utilizaremos estos datos para desarrollar estrategias de marketing dirigidas a nuestro mercado objetivo y para diferenciarnos de la competencia. También mantendremos una vigilancia constante sobre el mercado y los cambios en las preferencias del consumidor para adaptar nuestras ofertas en consecuencia.

3.3.- Definición de la propuesta de valor y estrategia empresarial.

La propuesta de valor es el elemento clave que distingue a tu negocio de la competencia y comunica el valor único que ofreces a tus clientes. Además, la estrategia empresarial establece cómo alcanzarás tus objetivos comerciales y cómo te posicionarás en el mercado. A continuación, se presenta un enfoque para desarrollar estos aspectos:

3.3.1- **Propuesta de valor:** Identifica los principales beneficios y características de tu producto o servicio que lo hacen atractivo y valioso para tus clientes. ¿Qué problemas resuelves o qué necesidades satisfaces?

Ejemplo: Nuestra propuesta de valor radica en ofrecer productos de belleza orgánicos y libres de químicos, que promueven la salud de la piel y respetan el medio ambiente. Nos destacamos por utilizar ingredientes naturales de alta calidad y brindar resultados visibles y duraderos.

3.3.2- **Segmentación del mercado:** Define los segmentos de mercado específicos a los que te diriges. Agrupa a tus clientes potenciales en categorías basadas en características demográficas, geográficas o conductuales.
Ejemplo: Nos enfocamos en mujeres de entre 25 y 45 años que valoran los productos naturales y buscan una rutina de cuidado de la piel saludable y efectiva.

3.3.3- **Estrategia de posicionamiento:** Determina cómo quieres que tu negocio sea percibido por tus clientes en comparación con la competencia. Define los elementos clave que te diferencian y cómo los comunicarás.
Ejemplo: Nos posicionamos como una marca de belleza natural de alta gama, ofreciendo productos exclusivos que combinan ingredientes orgánicos de calidad con investigación científica para lograr resultados superiores. Comunicamos nuestro compromiso con la sostenibilidad y la transparencia en nuestros procesos de fabricación.

3.3.4- **Estrategia de precios:** Define tu enfoque de fijación de precios, teniendo en cuenta tu propuesta de valor, los costos involucrados y las expectativas del mercado. Determina si te posicionarás como una opción de precio alto, medio o bajo.
Ejemplo: Nuestra estrategia de precios se basa en ser una opción de precio medio-alto. Esto refuerza la percepción de calidad y exclusividad de nuestros productos, sin dejar de ser accesibles para nuestra base de clientes objetivo.

3.3.5- **Estrategia de distribución:** Decide cómo distribuirás tus productos o servicios, considerando los canales de distribución más adecuados para llegar a tus clientes. Evalúa opciones como tiendas físicas, venta en línea, distribuidores o alianzas estratégicas.

Ejemplo: Utilizaremos una combinación de venta en línea a través de nuestra tienda electrónica y alianzas con tiendas de belleza selectas para maximizar nuestra presencia y llegar a un público más amplio.

3.3.6- **Estrategia de marketing:** Define cómo te promocionarás y te comunicarás con tus clientes. Identifica las tácticas de marketing que utilizarás, como publicidad, relaciones públicas, marketing en redes sociales, marketing de contenidos, etc.
Ejemplo: Implementaremos una estrategia integral de marketing digital, centrándonos en las redes sociales, el contenido educativo sobre cuidado de la piel y colaboraciones con influencers y expertos en belleza.

Estos son solo ejemplos y debes adaptarlos según tu propio negocio y mercado. La clave es desarrollar una propuesta de valor convincente y una estrategia empresarial sólida que te permita diferenciarte y alcanzar tus objetivos comerciales.

4.- Finanzas para emprendedores

4.1.- Aspectos básicos de la gestión financiera en los negocios.

La gestión financiera es fundamental para el éxito y la sostenibilidad de cualquier negocio. A continuación, se presentan algunos aspectos básicos que debes considerar:

4.1.1- **Presupuesto:** Elabora un presupuesto que refleje tus ingresos y gastos proyectados. Establece metas financieras realistas y controla el flujo de efectivo de tu negocio.
Ejemplo: Elabora un presupuesto mensual que incluya los ingresos esperados por ventas, así como los gastos operativos como el alquiler, salarios, suministros y marketing.

4.1.2- **Control de costos:** Analiza y controla de cerca tus costos para garantizar la rentabilidad de tu negocio. Identifica áreas en las que puedas reducir costos sin comprometer la calidad o el servicio.
Ejemplo: Busca proveedores alternativos, negocia descuentos por volumen y evalúa si algunos gastos pueden ser eliminados o reducidos sin afectar la operación del negocio.

4.1.3- **Gestión del flujo de efectivo:** Mantén un seguimiento constante de tus flujos de efectivo. Asegúrate de tener suficiente efectivo para cubrir tus gastos operativos y evitar problemas de liquidez.
Ejemplo: Establece políticas claras de cobro y pago, negocia plazos de pago favorables con proveedores y considera opciones como líneas de crédito para cubrir necesidades de capital de trabajo.

4.1.4- **Análisis financiero:** Realiza análisis financiero regularmente para evaluar el rendimiento de tu negocio. Utiliza indicadores como el margen de beneficio, el retorno de la inversión y la rotación de inventario para tomar decisiones informadas.
Ejemplo: Calcula métricas financieras clave, como el margen bruto, el margen neto y el punto de equilibrio, para evaluar la

salud financiera de tu negocio y tomar medidas correctivas si es necesario.

4.1.5- Financiamiento: Evalúa tus opciones de financiamiento, ya sea a través de fondos propios, préstamos bancarios, inversores o programas de apoyo al emprendimiento. Determina cómo financiarás el crecimiento de tu negocio.
Ejemplo: Considera la posibilidad de buscar inversionistas interesados en tu sector o explora programas de financiamiento gubernamentales o de organizaciones sin fines de lucro dirigidos a emprendedores.

4.1.6- Cumplimiento de obligaciones fiscales y legales: Asegúrate de cumplir con las obligaciones fiscales y legales pertinentes en tu país o región. Mantén registros adecuados y busca asesoramiento profesional si es necesario.
Ejemplo: Consulta a un contador o asesor fiscal para entender y cumplir con tus obligaciones fiscales, como la presentación de declaraciones de impuestos y el pago de impuestos sobre la renta o el IVA.

Recuerda que la gestión financiera es un proceso continuo y requiere atención constante. Mantén registros precisos, revisa regularmente tus estados financieros y busca apoyo profesional cuando sea necesario para garantizar la salud financiera de tu negocio.

4.2.- Estimación de costos, ingresos y proyecciones financieras.

La estimación de costos, ingresos y proyecciones financieras te ayudará a tener una visión clara de la viabilidad económica de tu negocio y a tomar decisiones informadas. A continuación, se presentan los elementos clave a considerar:

4.2.1- Estimación de costos: Identifica y estima todos los costos asociados con la puesta en marcha y operación de tu negocio. Esto incluye costos iniciales, como equipos, inventario, licencias y marketing, así como los costos recurrentes, como alquiler, salarios, suministros y gastos generales.

Ejemplo: Calcula los costos de adquisición de equipos y materiales, los gastos de marketing y publicidad, los costos de contratación de personal y los costos de operación mensuales, como servicios públicos y alquiler.

4.2.2- **Estimación de ingresos:** Analiza tu mercado objetivo y determina cuánto puedes facturar en base a tus precios, volumen de ventas y proyecciones de demanda. Considera diferentes escenarios y ten en cuenta factores como la competencia y las tendencias del mercado.
Ejemplo: Si vendes un producto, calcula tus ingresos multiplicando el precio unitario por la cantidad estimada de ventas. Si ofreces servicios, determina tus ingresos basándote en las tarifas y el número de clientes potenciales.

4.2.3- **Proyecciones financieras:** Utiliza los datos de costos e ingresos estimados para crear proyecciones financieras a corto y largo plazo. Estas proyecciones te permitirán evaluar la rentabilidad de tu negocio y tomar decisiones estratégicas.
Ejemplo: Elabora un estado de resultados proyectado que muestre tus ingresos, costos y beneficios estimados para los primeros tres años de operación. También puedes crear un flujo de efectivo proyectado para evaluar la liquidez y las necesidades de financiamiento.

4.2.4- **Análisis de sensibilidad:** Realiza análisis de sensibilidad para evaluar cómo cambios en variables clave pueden afectar tus proyecciones financieras. Identifica los factores que podrían tener el mayor impacto en tus resultados y considera escenarios optimistas y pesimistas.
Ejemplo: Analiza cómo variaciones en el precio de venta, los costos de producción o la demanda podrían afectar tus resultados financieros. Esto te ayudará a tomar decisiones más informadas y a estar preparado para diferentes situaciones.

4.2.5- **Monitoreo y ajuste:** Una vez que hayas establecido tus proyecciones financieras, es importante monitorear regularmente tus resultados reales en comparación con las proyecciones. Realiza ajustes según sea necesario y revisa tus estimaciones en función de los cambios en el entorno empresarial.

Ejemplo: Compara tus resultados mensuales o trimestrales con las proyecciones iniciales y realiza ajustes en tus estrategias, costos o precios si es necesario.

Recuerda que estas estimaciones y proyecciones son herramientas útiles, pero siempre están sujetas a cambios y ajustes a medida que tu negocio evoluciona. Mantén un enfoque flexible y actualiza tus estimaciones regularmente para tomar decisiones financieras sólidas.

4.3.- Fuentes de financiamiento y estrategias de financiación.

La financiación es esencial para el crecimiento y desarrollo de un negocio. A continuación, se presentan algunas fuentes comunes de financiamiento y estrategias que puedes considerar:

4.3.1- **Fondos propios:** Utiliza tus propios ahorros o activos personales para invertir en tu negocio. Esto puede incluir capital inicial, bienes que puedas vender o aportes en efectivo.
Ejemplo: Utiliza tus ahorros personales para financiar una parte del capital necesario para iniciar tu negocio.

4.3.2- **Familia y amigos:** Pide apoyo financiero a familiares y amigos cercanos que crean en tu proyecto empresarial. Pueden proporcionar préstamos, inversión de capital o incluso ser socios comerciales.
Ejemplo: Presenta tu plan de negocios a familiares y amigos y busca su apoyo financiero como inversores o prestamistas.

4.3.3- **Préstamos bancarios:** Solicita préstamos comerciales a instituciones financieras. Los bancos suelen ofrecer diferentes tipos de préstamos, como líneas de crédito, préstamos comerciales o préstamos para equipos.
Ejemplo: Prepara un plan de negocios sólido y solicita un préstamo bancario para financiar la expansión de tu negocio o la adquisición de activos.

4.3.4- **Inversionistas ángeles:** Busca inversionistas ángeles, que son personas adineradas dispuestas a invertir en negocios emergentes a cambio de participación accionaria o regalías.

Ejemplo: Prepara una presentación convincente y asiste a eventos de networking donde puedas conocer a inversionistas ángeles interesados en tu sector.

4.3.5- **Capital de riesgo:** Busca financiamiento de capital de riesgo a través de empresas de capital de riesgo que invierten en negocios con alto potencial de crecimiento.

Ejemplo: Prepara un plan de negocios escalable y atractivo para los inversionistas de capital de riesgo y busca oportunidades de presentación ante ellos.

4.3.6- **Crowdfunding:** Utiliza plataformas de crowdfunding para obtener financiamiento colectivo a través de contribuciones de personas interesadas en tu proyecto.

Ejemplo: Crea una campaña de crowdfunding en una plataforma reconocida y ofrece recompensas o participación en el negocio a cambio de las contribuciones.

4.3.7- **Subvenciones y programas de apoyo:** Investiga subvenciones y programas gubernamentales o de organizaciones sin fines de lucro dirigidos a emprendedores y negocios en etapa inicial.

Ejemplo: Explora oportunidades de financiamiento a través de programas de apoyo al emprendimiento y solicita subvenciones disponibles para tu sector o área geográfica.

4.3.8- **Financiamiento colaborativo:** Busca socios comerciales o empresas complementarias dispuestas a invertir o colaborar en tu negocio para compartir costos y recursos.

Ejemplo: Establece alianzas estratégicas con empresas relacionadas en tu industria para compartir costos de marketing, desarrollo de productos o expansión geográfica.

Recuerda que cada fuente de financiamiento tiene sus ventajas y desventajas, y debes evaluar cuál se ajusta mejor a las necesidades y objetivos de tu negocio. Además, es importante tener un plan de negocios sólido y una presentación convincente al buscar financiamiento externo.

5.- Marketing y ventas

5.1.- Estrategias de marketing para posicionar el negocio en el mercado.

El marketing es fundamental para dar a conocer tu negocio, atraer clientes y generar ventas. A continuación, se presentan algunas estrategias clave que puedes utilizar para posicionar tu negocio en el mercado:

5.1.1- **Segmentación de mercado:** Identifica y segmenta tu mercado objetivo en grupos más pequeños y específicos según características demográficas, geográficas, psicográficas o de comportamiento. Esto te permitirá adaptar tus estrategias de marketing de manera más efectiva.
Ejemplo: Si tienes un negocio de moda, puedes segmentar tu mercado según la edad, género, estilo de vida o preferencias de moda de tus clientes potenciales.

5.1.2- **Posicionamiento de marca:** Define una propuesta única de valor y una personalidad de marca que te diferencie de la competencia. Comunica claramente los beneficios y valores de tu negocio para que los clientes te perciban como la mejor opción en tu industria.
Ejemplo: Si tu negocio ofrece servicios de consultoría empresarial, puedes posicionarte como un experto en soluciones personalizadas y resultados tangibles para ayudar a las empresas a alcanzar el éxito.

5.1.3- **Estrategias de comunicación:** Utiliza diferentes canales de comunicación, como publicidad, relaciones públicas, marketing digital y redes sociales, para llegar a tu público objetivo y transmitir tu mensaje de manera efectiva.
Ejemplo: Crea anuncios publicitarios en medios relevantes para tu mercado objetivo, envía comunicados de prensa a medios especializados y utiliza estrategias de marketing digital, como contenido de valor en tu sitio web y campañas de email marketing.

5.1.4- **Marketing de contenidos:** Crea y comparte contenido relevante y valioso para tu audiencia a través de blogs, videos, infografías, podcasts u otros formatos. Esto te ayudará a establecer tu expertise, atraer a tu público objetivo y generar confianza en tu marca.

Ejemplo: Si tienes un negocio de fitness, puedes crear un blog con consejos de ejercicio, recetas saludables y rutinas de entrenamiento, y promoverlo en redes sociales para atraer a personas interesadas en mantener un estilo de vida saludable.

5.1.5- **Relaciones con clientes:** Construye relaciones sólidas con tus clientes a través de un excelente servicio al cliente, seguimiento personalizado y programas de fidelización. Fomenta la participación activa de tus clientes y genera referencias positivas.

Ejemplo: Ofrece un programa de membresía exclusivo con beneficios adicionales para clientes frecuentes, responde rápidamente a las consultas y comentarios de los clientes en las redes sociales y realiza encuestas periódicas para obtener retroalimentación y mejorar tu negocio.

5.1.6- **Colaboraciones estratégicas:** Busca asociaciones o colaboraciones con otras empresas o influencers que compartan tu público objetivo para ampliar tu alcance y generar sinergias positivas.

Ejemplo: Si tienes un negocio de alimentación saludable, puedes colaborar con un influencer de bienestar para crear contenido conjunto, organizar eventos conjuntos o realizar promociones especiales.

5.1.7- **Evaluación y ajuste:** Realiza un seguimiento regular de tus estrategias de marketing, mide los resultados y realiza ajustes según sea necesario. Analiza las métricas clave, como el retorno de inversión (ROI) y la tasa de conversión, para optimizar tus esfuerzos de marketing.

Ejemplo: Utiliza herramientas de análisis web y redes sociales para evaluar el rendimiento de tus estrategias de marketing, haz pruebas A/B para probar diferentes enfoques y realiza ajustes en tus campañas según los resultados obtenidos.

Recuerda que cada negocio es único, por lo que es importante adaptar estas estrategias a tus propias necesidades y objetivos. Además, mantente actualizado sobre las tendencias y cambios en el comportamiento del consumidor para ajustar tu enfoque de marketing de manera efectiva.

5.2.- Desarrollo de una estrategia de marca efectiva.

Una estrategia de marca sólida es esencial para diferenciar tu negocio en el mercado y construir una conexión duradera con tus clientes. Aquí hay algunos pasos clave para desarrollar una estrategia de marca efectiva:

5.2.1- **Definición de la identidad de la marca:** Comienza por definir la identidad de tu marca, que incluye elementos como la misión, visión, valores y personalidad de la marca. Estos elementos forman la base de la imagen que quieres proyectar al mercado.
Ejemplo: Si tu negocio se centra en la sostenibilidad y la responsabilidad social, puedes definir tu marca como comprometida con el medio ambiente y enfocada en la creación de un impacto positivo.

5.2.2- **Investigación de mercado y análisis de la competencia:** Realiza una investigación exhaustiva del mercado para comprender las necesidades, deseos y comportamientos de tu público objetivo. También analiza a tu competencia para identificar oportunidades de diferenciación.
Ejemplo: Examina las preferencias y tendencias de tu público objetivo, investiga las estrategias de marca de tus competidores y busca puntos de diferenciación que te permitan destacar.

5.2.3- **Posicionamiento de marca:** Determina cómo quieres que tu marca sea percibida en el mercado. Define tu propuesta única de valor y posicionamiento para destacar entre tus competidores y captar la atención de tu público objetivo.
Ejemplo: Si deseas posicionarte como una marca de lujo asequible, enfócate en ofrecer productos de alta calidad con un precio accesible y comunica este valor distintivo a través de tu estrategia de marketing.

5.2.4- Creación de elementos visuales de marca: Desarrolla elementos visuales de marca consistentes, como el logotipo, colores, tipografía y elementos gráficos. Estos elementos deben reflejar la identidad y personalidad de tu marca.
Ejemplo: Crea un logotipo simple y memorable que represente los valores y la esencia de tu negocio. Selecciona colores que transmitan la emoción y el mensaje deseado, y elige una tipografía que refuerce la imagen de tu marca.

5.2.5- Mensaje de marca y tono de comunicación: Define el mensaje central de tu marca y el tono de comunicación que utilizarás para interactuar con tu público objetivo. El mensaje debe ser coherente y transmitir los valores y beneficios clave de tu marca.
Ejemplo: Si tu marca se enfoca en la comodidad y la simplicidad, asegúrate de que tu mensaje y tono de comunicación sean amigables, cálidos y directos.

5.2.6- Experiencia de marca: Diseña una experiencia de marca coherente en todos los puntos de contacto con tus clientes, desde el sitio web y las redes sociales hasta el servicio al cliente y los empaques de productos. Cada interacción debe reflejar la personalidad y los valores de tu marca.
Ejemplo: Si tu marca se enfoca en la personalización y la atención al detalle, asegúrate de que cada aspecto de la experiencia del cliente, desde la navegación en tu sitio web hasta la entrega del producto, refleje esta atención personalizada.

5.2.7- Gestión de la reputación de marca: Monitorea y gestiona la reputación de tu marca en línea y fuera de línea. Mantén una comunicación activa con tus clientes y responde de manera rápida y efectiva a los comentarios y críticas.
Ejemplo: Utiliza herramientas de monitoreo en línea para rastrear menciones de tu marca en redes sociales y sitios web de reseñas. Responde de manera oportuna y profesional a las críticas y comentarios, y aprovecha las oportunidades para convertir experiencias negativas en positivas.

Recuerda que construir una marca fuerte lleva tiempo y esfuerzo. Sé consistente en tus mensajes y acciones, y trabaja continuamente en el desarrollo y la mejora de tu estrategia de marca para mantenerla relevante y atractiva en un mercado en constante evolución.

5.3.- Técnicas de venta y construcción de relaciones con los clientes.

La venta efectiva y la construcción de relaciones sólidas con los clientes son fundamentales para el éxito de cualquier negocio. A continuación, se presentan algunas técnicas clave que puedes emplear:

5.3.1- **Escucha activa:** Presta atención a las necesidades, deseos y preocupaciones de tus clientes. Escucha con empatía y haz preguntas para comprender mejor sus problemas y ofrecer soluciones adecuadas.
Ejemplo: Durante una reunión de ventas, enfócate en escuchar las inquietudes del cliente y haz preguntas para profundizar en sus necesidades. Esto te permitirá adaptar tu oferta y demostrar que realmente te importa su éxito.

5.3.2- **Personalización:** Adapta tus productos, servicios y comunicaciones a las necesidades específicas de cada cliente. Brinda soluciones personalizadas que aborden sus desafíos y objetivos individuales.
Ejemplo: Si ofreces servicios de diseño web, consulta con cada cliente para comprender sus preferencias estéticas y objetivos comerciales. Luego, crea un sitio web que refleje su identidad de marca y cumpla con sus metas.

5.3.3- **Presentación persuasiva:** Destaca los beneficios y el valor de tus productos o servicios de manera clara y convincente. Utiliza historias, ejemplos y datos relevantes para respaldar tus argumentos y demostrar cómo tu oferta puede ayudar a tus clientes.
Ejemplo: Durante una presentación de ventas, utiliza casos de estudio o testimonios de clientes satisfechos para ilustrar los resultados positivos que han obtenido al utilizar tus productos o servicios.

5.3.4- **Resolución de objeciones:** Anticipa y aborda las objeciones o preocupaciones que puedan surgir por parte de los clientes.

Proporciona respuestas claras y convincentes para superar cualquier obstáculo en el proceso de venta.

Ejemplo: Si un cliente objeta el precio de tus productos, explica detalladamente los beneficios y el retorno de inversión que pueden obtener a largo plazo. Destaca cómo tu oferta se compara favorablemente con la competencia en términos de calidad y resultados.

5.3.5- **Seguimiento proactivo:** Mantén una comunicación continua con tus clientes incluso después de concretar la venta. Realiza un seguimiento proactivo para brindar soporte adicional, resolver problemas y fortalecer la relación.

Ejemplo: Después de entregar un proyecto, envía un correo electrónico de seguimiento para asegurarte de que el cliente está satisfecho y ofrece asistencia adicional si es necesario. También puedes enviar actualizaciones periódicas y contenido relevante para mantener el contacto.

5.3.6- **Experiencia del cliente:** Crea una experiencia excepcional para tus clientes en cada interacción. Brinda un excelente servicio al cliente, responde de manera rápida y efectiva a sus consultas y necesidades, y supera sus expectativas.

Ejemplo: Capacita a tu equipo en habilidades de servicio al cliente, asegúrate de que los plazos se cumplan y proporciona una comunicación clara y transparente en todo momento. También puedes sorprender a tus clientes con pequeños detalles o regalos personalizados.

Recuerda que la construcción de relaciones duraderas con los clientes es un proceso continuo. Busca oportunidades para agregar valor, mantener la comunicación y adaptar tu enfoque a medida que evolucionen las necesidades y preferencias de tus clientes.

6.- Gestión de operaciones

6.1.- Organización y estructura empresarial.

La organización y estructura de un negocio son fundamentales para su eficiencia, productividad y éxito a largo plazo. A continuación, se presentan algunos aspectos clave a considerar:

6.1.1- **Diseño organizativo:** Define la estructura organizativa de tu empresa, incluyendo los departamentos, las funciones y las relaciones jerárquicas. Determina cómo se organizarán las tareas y cómo se comunicarán y coordinarán los equipos.
Ejemplo: Puedes optar por una estructura funcional, donde los departamentos se organizan por áreas especializadas (como ventas, marketing, operaciones, etc.), o una estructura matricial, que combina funciones y proyectos específicos.

6.1.2- **Descripción de puestos:** Elabora descripciones de puestos claras y detalladas para cada posición en tu organización. Especifica las responsabilidades, habilidades requeridas, nivel de autoridad y relaciones de supervisión.
Ejemplo: La descripción de un puesto de gerente de ventas puede incluir la responsabilidad de establecer metas de ventas, supervisar al equipo de ventas, establecer estrategias de crecimiento y reportar al director de operaciones.

6.1.3- **Delegación y empowerment:** Delega responsabilidades y autoridad a los miembros de tu equipo para fomentar la autonomía y la toma de decisiones. Empodera a tus empleados para que asuman responsabilidad en sus roles y se sientan valorados.
Ejemplo: Puedes asignar a un miembro del equipo la responsabilidad de liderar un proyecto específico, brindándole la autoridad necesaria para tomar decisiones relacionadas con el proyecto y los recursos asignados.

6.1.4- **Comunicación interna:** Establece canales de comunicación efectivos dentro de tu organización para facilitar la colaboración, el intercambio de información y la alineación de objetivos. Fomenta la transparencia y la retroalimentación constructiva.

Ejemplo: Puedes implementar reuniones regulares de equipo, utilizar herramientas de comunicación en línea (como Slack o Microsoft Teams) y establecer un sistema de comunicación ascendente y descendente para asegurar que todos estén informados.

6.1.5- **Cultura organizacional:** Define los valores, creencias y normas que rigen el comportamiento de tu empresa. Crea una cultura organizacional que promueva la colaboración, la creatividad, el aprendizaje continuo y la excelencia.
Ejemplo: Si valoras la innovación, puedes fomentar una cultura donde se alienta a los empleados a proponer nuevas ideas, se celebran los errores como oportunidades de aprendizaje y se asignan recursos para la investigación y desarrollo.

6.1.6- **Procesos y flujos de trabajo:** Establece procesos eficientes y claros para las actividades clave de tu negocio. Define los flujos de trabajo, las responsabilidades y los plazos para asegurar una ejecución efectiva y evitar la duplicación de esfuerzos.
Ejemplo: Puedes implementar un sistema de gestión de proyectos para organizar tareas, asignar recursos y realizar un seguimiento del progreso en proyectos específicos.

Recuerda que la organización y estructura empresarial pueden evolucionar a medida que tu negocio crece y se adapta a nuevos desafíos. Mantente abierto a realizar ajustes y mejoras a lo largo del tiempo para optimizar la eficiencia y el rendimiento de tu organización.

6.2.- Gestión eficiente de los recursos humanos y los procesos operativos.

La gestión eficiente de los recursos humanos y los procesos operativos es esencial para optimizar el rendimiento y la productividad de tu negocio. A continuación, se presentan algunos aspectos clave a tener en cuenta:

6.2.1- **Contratación y selección:** Define claramente los perfiles de puesto y los criterios de selección para encontrar el talento adecuado. Utiliza métodos de reclutamiento efectivos, como anuncios de empleo, redes profesionales y referencias

Ejemplo: Puedes realizar entrevistas estructuradas, pruebas de habilidades y verificaciones de referencias para asegurarte de que los candidatos cumplan con los requisitos y se ajusten a la cultura de tu empresa.

6.2.2- **Desarrollo y capacitación:** Invierte en el desarrollo y la capacitación de tus empleados para mejorar sus habilidades y conocimientos. Proporciona oportunidades de aprendizaje continuo y fomenta un ambiente de crecimiento profesional.

Ejemplo: Puedes ofrecer programas de capacitación interna, asistencia para la adquisición de habilidades técnicas o financieras específicas, y brindar acceso a recursos de aprendizaje en línea.

6.2.3- **Gestión del desempeño:** Establece objetivos claros y medibles para tus empleados y brinda retroalimentación regular sobre su desempeño. Identifica fortalezas y áreas de mejora, y establece planes de desarrollo individualizados.

Ejemplo: Realiza evaluaciones periódicas del desempeño, donde se discutan los logros, se proporcionen recomendaciones para el crecimiento y se establezcan objetivos futuros.

6.2.4- **Motivación y reconocimiento:** Crea un entorno de trabajo motivador, donde los empleados se sientan valorados y reconocidos por sus contribuciones. Implementa programas de reconocimiento y recompensas que incentiven el rendimiento y fomenten el compromiso.

Ejemplo: Puedes establecer programas de reconocimiento mensual o trimestral, ofrecer bonificaciones basadas en el desempeño o proporcionar oportunidades de crecimiento dentro de la empresa.

6.2.5- **Optimización de procesos:** Analiza y mejora continuamente los procesos operativos de tu negocio para eliminar ineficiencias y aumentar la productividad. Identifica cuellos de botella, automatiza tareas repetitivas y busca formas de simplificar y agilizar los flujos de trabajo.

Ejemplo: Utiliza herramientas tecnológicas para gestionar inventarios, llevar un seguimiento de proyectos o automatizar el procesamiento de pagos. Además, puedes implementar metodologías de mejora continua, como Lean o Six Sigma, para identificar y eliminar desperdicios en los procesos.

6.2.6- **Cultura de colaboración:** Fomenta una cultura de trabajo en equipo y colaboración entre los empleados y los departamentos. Establece canales de comunicación abiertos, promueve la transparencia y alienta la colaboración en proyectos y resolución de problemas.
Ejemplo: Puedes implementar herramientas de colaboración en línea, como plataformas de gestión de proyectos o espacios virtuales de trabajo, y organizar actividades de team building para fortalecer la cohesión del equipo.

Recuerda que la gestión eficiente de los recursos humanos y los procesos operativos es un proceso continuo que requiere atención constante. A medida que tu negocio crezca y evolucione, estarás en constante búsqueda de nuevas formas de mejorar y optimizar tus operaciones.

6.3.- Implementación de sistemas de calidad y mejora continua.

La implementación de sistemas de calidad y la adopción de prácticas de mejora continua son fundamentales para garantizar la excelencia en los productos y servicios de tu empresa. A continuación, se presentan algunos aspectos clave a tener en cuenta:

6.3.1- **Establecimiento de estándares de calidad:** Define estándares claros de calidad que reflejen las expectativas de tus clientes y las especificaciones de tus productos o servicios. Estos estándares deben ser medibles y verificables.
Ejemplo: Puedes establecer criterios de calidad como la durabilidad, el rendimiento, la precisión, el cumplimiento de normas o regulaciones, entre otros, dependiendo de la industria en la que te encuentres.

6.3.2- **Implementación de un sistema de gestión de calidad:** Adopta un sistema de gestión de calidad reconocido, como ISO 9001, para estandarizar y mejorar tus procesos. Este sistema debe incluir políticas, procedimientos y controles que aseguren la calidad en todas las etapas de tu negocio.

Ejemplo: Puedes implementar un sistema de gestión de calidad basado en los principios de ISO 9001, que abarque desde el diseño y la producción hasta la entrega y el servicio postventa.

6.3.3- **Control de calidad y aseguramiento:** Establece controles de calidad para monitorear y verificar que los productos o servicios cumplan con los estándares establecidos. Realiza inspecciones, pruebas y auditorías internas de forma regular para identificar posibles desviaciones y tomar acciones correctivas.

Ejemplo: Puedes realizar pruebas de calidad en la línea de producción, inspecciones de productos terminados antes de su envío, o realizar encuestas de satisfacción del cliente para evaluar la calidad percibida.

6.3.4- **Retroalimentación del cliente:** Establece canales de retroalimentación para recopilar comentarios y sugerencias de tus clientes. Utiliza esta información para identificar áreas de mejora y realizar ajustes en tus productos, servicios o procesos.

Ejemplo: Puedes implementar encuestas de satisfacción del cliente, análisis de opiniones en redes sociales o establecer un sistema de atención al cliente eficiente para recopilar y analizar la retroalimentación de los clientes.

6.3.5- **Mejora continua:** Fomenta una cultura de mejora continua en toda la organización, donde se busque constantemente la identificación de oportunidades de mejora y la implementación de acciones correctivas y preventivas.

Ejemplo: Puedes establecer equipos de mejora o utilizar metodologías como el ciclo PDCA (Planificar, Hacer, Verificar, Actuar) para impulsar la mejora continua en tus procesos y productos.

6.3.6- **Capacitación y desarrollo del personal:** Brinda capacitación y desarrollo a tus empleados para mejorar sus habilidades y conocimientos relacionados con la calidad. Esto incluye la capacitación en técnicas de control de calidad, herramientas estadísticas, resolución de problemas y otras competencias relevantes.

Ejemplo: Puedes organizar sesiones de capacitación interna, contratar consultores especializados o alentar a los empleados a participar en cursos y certificaciones relacionados con la calidad.

Recuerda que la implementación de sistemas de calidad y la mejora continua son procesos a largo plazo. Mantén un enfoque sistemático y persevera en tus esfuerzos para asegurar la calidad y la satisfacción del cliente.

7.- Innovación y tecnología

7.1.- Importancia de la innovación en el entorno empresarial actual.

En el dinámico y competitivo entorno empresarial actual, la innovación se ha convertido en un factor clave para el éxito y la supervivencia de las empresas. A continuación, se presentan algunos aspectos clave sobre la importancia de la innovación:

7.1.1- **Ventaja competitiva:** La innovación permite a las empresas diferenciarse de sus competidores y ganar una ventaja competitiva en el mercado. Mediante la introducción de nuevos productos, servicios, procesos o modelos de negocio, una empresa puede captar la atención de los clientes y destacarse en un entorno saturado.
Ejemplo: Empresas como Apple, Tesla o Airbnb han logrado destacarse en sus respectivas industrias a través de la innovación, ofreciendo productos y servicios únicos que han cambiado la forma en que las personas interactúan con la tecnología, conducen automóviles o viajan.

7.1.2- **Adaptación al cambio:** La innovación permite a las empresas adaptarse y responder de manera efectiva a los cambios en el mercado, las demandas de los clientes y las tendencias emergentes. Aquellas empresas que son capaces de identificar y aprovechar oportunidades de manera ágil y creativa tienen más probabilidades de sobrevivir y prosperar.
Ejemplo: Las empresas de tecnología que han logrado adaptarse a las demandas cambiantes de los consumidores, como el auge de los dispositivos móviles o la transición hacia la economía digital, han experimentado un crecimiento significativo.

7.1.3- **Generación de valor:** La innovación permite a las empresas generar valor adicional para sus clientes, creando soluciones más efectivas, eficientes o atractivas. Al ofrecer productos o servicios innovadores, una empresa puede satisfacer las necesidades y deseos de los clientes de una manera más completa y destacar en el mercado.

Ejemplo: Empresas como Netflix han transformado la forma en que las personas consumen contenido audiovisual, ofreciendo una plataforma de streaming innovadora que brinda acceso a una amplia variedad de películas y programas de televisión bajo demanda.

7.1.4- Eficiencia y productividad: La innovación también puede impulsar la eficiencia y la productividad de una empresa al introducir nuevas tecnologías, métodos de trabajo más eficientes o procesos optimizados. Esto puede ayudar a reducir costos, mejorar la calidad y agilizar las operaciones.
Ejemplo: La automatización de procesos de fabricación en la industria ha permitido aumentar la productividad y la precisión, reduciendo los tiempos de producción y minimizando los errores.

7.1.5- Adaptación a las necesidades del cliente: La innovación permite a las empresas comprender y adaptarse a las cambiantes necesidades y preferencias de los clientes. Al estar en constante búsqueda de soluciones innovadoras, una empresa puede ofrecer productos o servicios que resuelvan problemas específicos y brinden experiencias excepcionales a los clientes.
Ejemplo: Las empresas de tecnología están constantemente innovando para desarrollar productos que satisfagan las demandas de un público cada vez más conectado, como los dispositivos inteligentes, las aplicaciones móviles y los asistentes virtuales.

Recuerda que la innovación es un proceso continuo que requiere una mentalidad abierta, una cultura empresarial propicia y la capacidad de aprovechar la creatividad y las ideas de todos los miembros de la organización.

7.2.- Incorporación de tecnología en los procesos de negocio.

En la era digital en la que vivimos, la incorporación de tecnología en los procesos de negocio se ha vuelto esencial para la eficiencia, competitividad y crecimiento de las empresas. A continuación, se presentan algunos aspectos clave sobre la incorporación de tecnología:

7.2.1- Automatización de tareas: La tecnología permite automatizar tareas repetitivas y de bajo valor agregado, liberando tiempo y recursos para que los empleados se enfoquen en actividades más estratégicas y de mayor impacto. La automatización puede mejorar la productividad, reducir errores y agilizar los procesos.
Ejemplo: La implementación de sistemas de gestión empresarial (ERP) que integran diferentes áreas de una empresa, como ventas, inventario y contabilidad, puede automatizar la generación de informes, la gestión de inventario y la facturación, entre otros.

7.2.2- Mejora de la comunicación y colaboración: Las herramientas tecnológicas facilitan la comunicación y colaboración entre los miembros del equipo, incluso si se encuentran en diferentes ubicaciones geográficas. La tecnología permite compartir información en tiempo real, mantener reuniones virtuales y colaborar en documentos de forma simultánea.
Ejemplo: El uso de herramientas de comunicación como Slack, Microsoft Teams o Google Workspace permite una comunicación fluida entre los miembros del equipo, incluso si trabajan de forma remota.

7.2.3- Optimización de procesos: La tecnología puede ayudar a optimizar los procesos de negocio al identificar ineficiencias, eliminar cuellos de botella y mejorar la eficiencia en general. Esto se logra a través del análisis de datos, la identificación de patrones y la implementación de mejoras basadas en la información recopilada.
Ejemplo: El uso de software de gestión de proyectos, como Trello o Asana, permite una planificación y seguimiento eficiente de las tareas, asignación de recursos y control del progreso en proyectos complejos.

7.2.4- Personalización y mejora de la experiencia del cliente: La tecnología ofrece herramientas para recopilar y analizar datos sobre los clientes, lo que permite personalizar la experiencia del cliente y adaptar los productos y servicios a sus necesidades y preferencias específicas. Esto puede generar una mayor satisfacción del cliente y fidelidad a largo plazo.

Ejemplo: Las empresas de comercio electrónico utilizan algoritmos de recomendación para ofrecer productos personalizados a sus clientes, basados en su historial de compras y preferencias.

7.2.5- **Acceso a información y análisis de datos:** La tecnología proporciona acceso a vastas cantidades de información y la capacidad de analizar datos de manera rápida y precisa. Esto permite tomar decisiones más informadas y basadas en evidencia, identificar tendencias del mercado, comprender el comportamiento del cliente y detectar oportunidades de mejora.

Ejemplo: El uso de herramientas de análisis de datos, como Google Analytics o Salesforce, permite a las empresas recopilar y analizar información sobre el tráfico de su sitio web, las conversiones, el comportamiento del cliente y otros indicadores clave.

Recuerda que la incorporación de tecnología en los procesos de negocio debe estar alineada con la estrategia y objetivos de la empresa. Es importante evaluar las necesidades específicas de cada organización y seleccionar las soluciones tecnológicas adecuadas para maximizar los beneficios y minimizar los riesgos.

7.3.- Estrategias para fomentar la creatividad y la innovación en la empresa.

La creatividad y la innovación son motores clave para el éxito empresarial en un entorno empresarial cada vez más competitivo y cambiante. Aquí se presentan algunas estrategias efectivas para fomentar la creatividad y la innovación en tu empresa:

7.3.1- **Cultivar un entorno propicio:** Crea un entorno de trabajo donde se fomente la creatividad, el pensamiento divergente y el intercambio de ideas. Fomenta la apertura, el respeto y la tolerancia hacia diferentes perspectivas y opiniones.

Promueve una cultura empresarial que valore la creatividad y la experimentación, donde los empleados se sientan seguros para proponer ideas y tomar riesgos sin temor a ser juzgados o castigados por el fracaso.

7.3.2- **Estimular la diversidad:** Fomenta la diversidad en tu equipo, tanto en términos de antecedentes culturales y experiencias como en términos de habilidades y conocimientos. La diversidad de pensamiento y perspectivas enriquece la generación de ideas y la creatividad.

Busca diferentes perfiles y perspectivas al contratar nuevos empleados, y fomenta la colaboración y el intercambio de conocimientos entre diferentes departamentos y áreas de la empresa.

7.3.3- **Fomentar la curiosidad y el aprendizaje:** Anima a tus empleados a mantenerse curiosos y a buscar constantemente nuevas oportunidades de aprendizaje. Ofrece programas de desarrollo profesional, capacitación y talleres que fomenten la adquisición de conocimientos y habilidades.

Establece un ambiente que valore el aprendizaje continuo y la mejora personal, donde se aliente a los empleados a explorar nuevas áreas de interés y a compartir sus conocimientos con los demás.

7.3.4- **Establecer tiempo y espacios dedicados a la creatividad:** Designa momentos específicos para que los empleados puedan dedicarse a la generación de ideas y la creatividad sin interrupciones. Establece sesiones de lluvia de ideas regulares o espacios físicos donde puedan colaborar y trabajar en proyectos innovadores.

Brinda recursos y herramientas que apoyen la creatividad, como salas de reuniones equipadas con pizarras o herramientas de colaboración en línea que faciliten la generación y el intercambio de ideas.

7.3.5- **Promover la retroalimentación y el reconocimiento:** Establece un sistema de retroalimentación constructiva y reconocimiento para incentivar la creatividad y la innovación. Valora y reconoce las ideas y contribuciones innovadoras de los empleados, incluso si no todas se implementan.

Fomenta la colaboración y la comunicación abierta, donde los empleados puedan compartir sus ideas y recibir comentarios constructivos de sus compañeros y superiores.

Recuerda que la creatividad y la innovación son habilidades que pueden ser desarrolladas y mejoradas con el tiempo y la práctica. Fomentar un entorno propicio y aplicar estrategias efectivas ayudará a tu empresa a generar ideas innovadoras y mantenerse a la vanguardia en tu industria.

8.- Gestión del crecimiento y la expansión

8.1.- Estrategias para escalar el negocio y alcanzar el crecimiento sostenible.

El crecimiento sostenible es el objetivo de muchas empresas, especialmente aquellas que desean escalar y expandir su alcance. Aquí se presentan algunas estrategias clave para escalar el negocio de manera efectiva y lograr un crecimiento sostenible:

8.1.1- **Definir una visión clara:** Establece una visión clara para tu negocio a largo plazo. Define qué significa el éxito para ti y cómo te gustaría que se vea tu empresa en el futuro. Esta visión proporcionará la dirección y el enfoque necesarios para escalar el negocio de manera sostenible.

8.1.2- **Identificar oportunidades de mercado:** Realiza un análisis exhaustivo del mercado para identificar oportunidades de crecimiento. Examina las tendencias del mercado, las necesidades y deseos de los clientes, y las brechas que tu empresa puede llenar. Identificar oportunidades te permitirá desarrollar estrategias efectivas para aprovecharlas.

8.1.3- **Mejorar la eficiencia operativa:** Optimiza tus procesos y operaciones internas para mejorar la eficiencia. Identifica áreas donde se pueden reducir costos, eliminar cuellos de botella y mejorar la productividad. Esto te permitirá escalar el negocio de manera rentable y maximizar los recursos disponibles.

8.1.4- **Establecer alianzas estratégicas:** Busca oportunidades de colaboración con otras empresas o socios estratégicos que complementen tus fortalezas y te ayuden a alcanzar tus objetivos de crecimiento. Las alianzas estratégicas pueden proporcionar acceso a nuevos mercados, recursos adicionales y conocimientos especializados.

8.1.5- **Expandir tu base de clientes:** Desarrolla estrategias efectivas de adquisición y retención de clientes para ampliar tu base de clientes. Identifica tu público objetivo, adapta tu mensaje de marketing y utiliza tácticas de promoción adecuadas para llegar a nuevos clientes. Al mismo tiempo, asegúrate de mantener la satisfacción de tus clientes existentes para fomentar la lealtad y el boca a boca positivo.

8.1.6- **Implementar tecnología y automatización:** La tecnología puede ser una poderosa aliada en el proceso de escalar el negocio. Implementa herramientas tecnológicas que te ayuden a mejorar la eficiencia, automatizar tareas y mejorar la experiencia del cliente. Esto te permitirá manejar un mayor volumen de trabajo y brindar un servicio de calidad mientras creces.

8.1.7- **Invertir en el desarrollo de tu equipo:** A medida que el negocio crece, es fundamental invertir en el desarrollo de tu equipo. Proporciona capacitación y oportunidades de crecimiento profesional para tus empleados, fomenta un ambiente de trabajo positivo y promueve una cultura de aprendizaje continuo. Un equipo comprometido y motivado será un activo valioso en el proceso de escalar el negocio.

8.1.8- **Monitorear y medir el progreso:** Establece indicadores clave de desempeño (KPI) relevantes y establece un sistema de seguimiento para medir el progreso hacia tus objetivos de crecimiento. Realiza evaluaciones periódicas y ajusta tus estrategias según sea necesario. El monitoreo constante te permitirá tomar decisiones informadas y mantener el enfoque en el crecimiento sostenible.

Recuerda que escalar el negocio no es un proceso instantáneo, sino un proceso gradual y estratégico que requiere perseverancia y adaptabilidad. Utiliza estas estrategias como guía y ajústalas según las necesidades específicas de tu empresa y tu industria.

8.2.- Consideraciones legales y financieras en el proceso de expansión.

Cuando una empresa se embarca en un proceso de expansión, es crucial tener en cuenta las consideraciones legales y financieras para garantizar un crecimiento exitoso y sostenible. Aquí se presentan algunas consideraciones clave en estas áreas:

8.2.1- Estructura legal: Evalúa la estructura legal de tu empresa y determina si es adecuada para la expansión. Considera opciones como la creación de sucursales, filiales, franquicias o alianzas estratégicas. Consulta a un asesor legal para asegurarte de cumplir con las regulaciones y requisitos legales tanto en tu país como en los nuevos mercados en los que planeas expandirte.

8.2.2- Protección de propiedad intelectual: Si tu empresa tiene activos de propiedad intelectual, como marcas registradas, patentes o derechos de autor, asegúrate de protegerlos adecuadamente durante el proceso de expansión. Investigar y registrar tus derechos de propiedad intelectual en los nuevos mercados te ayudará a evitar infracciones y proteger tu ventaja competitiva.

8.2.3- Cumplimiento normativo y fiscal: Investiga y comprende las leyes y regulaciones fiscales y comerciales en los nuevos mercados objetivo. Asegúrate de cumplir con los requisitos fiscales, laborales y comerciales locales, y considera la posibilidad de contratar expertos locales o consultores legales para asegurar el cumplimiento normativo y evitar riesgos legales.

8.2.4- Financiamiento de la expansión: Evalúa tus opciones de financiamiento para respaldar la expansión. Considera alternativas como préstamos bancarios, inversores externos, capital de riesgo o crowdfunding. Analiza cuidadosamente los términos y condiciones de cada opción y evalúa su impacto en la estructura de propiedad y en la gestión financiera a largo plazo de la empresa.

8.2.5- Gestión de riesgos financieros: Identifica y gestiona los riesgos financieros asociados con la expansión. Realiza análisis de riesgos financieros y desarrolla estrategias para mitigarlos. Estos pueden incluir diversificar tus fuentes de ingresos, establecer reservas de capital, gestionar el flujo de efectivo y establecer límites y controles financieros adecuados.

8.2.6- Acuerdos contractuales: Al expandirte a nuevos mercados, es probable que debas negociar acuerdos contractuales con proveedores, socios comerciales y clientes. Asegúrate de revisar y comprender todos los términos y condiciones de los contratos antes de firmarlos. Si es necesario, busca asesoría legal para garantizar que los acuerdos protejan adecuadamente los intereses de tu empresa.

Recuerda que las consideraciones legales y financieras pueden variar según el país y la industria en la que operas. Es importante buscar asesoramiento profesional y adaptar estas consideraciones a las circunstancias específicas de tu empresa y tu expansión.

8.3.- Gestión de riesgos y superación de obstáculos en el camino.

El camino del emprendimiento y los negocios está lleno de desafíos y obstáculos. La capacidad de gestionar los riesgos y superar estos obstáculos de manera efectiva es fundamental para el éxito a largo plazo. A continuación, se presentan algunas estrategias y consejos para la gestión de riesgos y la superación de obstáculos:

8.3.1- **Identificar y evaluar los riesgos:** Haz una lista de los posibles riesgos a los que tu empresa podría enfrentarse durante su operación y crecimiento. Estos pueden incluir riesgos financieros, de mercado, operativos, legales, de reputación, entre otros. Evalúa la probabilidad de que ocurran y el impacto que podrían tener en tu negocio. Cuanto mejor comprendas los riesgos potenciales, más preparado estarás para manejarlos.

8.3.2- **Desarrollar un plan de mitigación de riesgos:** Una vez identificados los riesgos, desarrolla un plan de acción para mitigarlos. Define estrategias específicas para minimizar la probabilidad de que ocurran y reducir su impacto en caso de que se materialicen. Esto puede implicar la implementación de controles internos, la diversificación de fuentes de ingresos, la contratación de seguros adecuados o la búsqueda de asesoramiento legal o financiero.

8.3.3- **Mantener la flexibilidad y la adaptabilidad:** El entorno empresarial está en constante cambio, por lo que es esencial ser flexible y estar dispuesto a adaptarse a nuevas circunstancias. Anticipa posibles obstáculos y desarrolla planes alternativos. Mantén una mentalidad abierta y receptiva a nuevas ideas y enfoques. La capacidad de adaptación te permitirá enfrentar los desafíos de manera más efectiva y aprovechar las oportunidades emergentes.

8.3.4- **Aprender de los fracasos y errores:** Los fracasos y errores son parte del proceso empresarial. En lugar de verlos como obstáculos insuperables, utilízalos como oportunidades para aprender y mejorar. Analiza detenidamente las causas de los fracasos y errores pasados y extrae lecciones valiosas de ellos. Ajusta tus estrategias y enfoques en consecuencia para evitar cometer los mismos errores en el futuro.

8.3.5- **Buscar apoyo y orientación:** No tengas miedo de buscar apoyo y orientación cuando te enfrentes a obstáculos importantes. Puedes recurrir a mentores, grupos de networking o expertos en áreas específicas para obtener asesoramiento y perspectivas externas. A veces, una visión fresca o un consejo experto pueden marcar la diferencia en la superación de un obstáculo.

8.3.6- **Mantener la motivación y la mentalidad positiva:** El camino del emprendimiento puede ser desafiante y agotador, pero mantener la motivación y una mentalidad positiva es fundamental para superar los obstáculos. Establece metas claras y celebra los logros alcanzados a lo largo del camino. Rodéate de personas positivas y busca fuentes de inspiración que te ayuden a mantener una actitud constructiva y resiliente.

Recuerda que cada obstáculo y riesgo que enfrentes puede ser una oportunidad para crecer y fortalecer tu negocio. Con una gestión adecuada de los riesgos y una actitud decidida para superar los obstáculos, estarás mejor preparado para enfrentar los desafíos y alcanzar el éxito en tu camino como emprendedor.

9.- Ética y responsabilidad social empresarial

9.1.- Importancia de la ética empresarial y la responsabilidad social.

En el entorno empresarial actual, la ética empresarial y la responsabilidad social son componentes fundamentales para el éxito sostenible de una empresa. La forma en que una empresa opera, interactúa con sus empleados, clientes, proveedores y la sociedad en general puede tener un impacto significativo en su reputación y en su capacidad para generar beneficios a largo plazo. A continuación, se presentan algunos aspectos clave de la importancia de la ética empresarial y la responsabilidad social:

9.1.1- **Reputación y confianza:** La ética empresarial sólida y la responsabilidad social crean una reputación positiva para la empresa. Los clientes, empleados y otras partes interesadas confían en las empresas que operan de manera ética y que se preocupan por el impacto social y ambiental de sus actividades. Una buena reputación y la confianza del público pueden generar lealtad de los clientes y atraer nuevos negocios.

9.1.2- **Cumplimiento normativo y legal:** La ética empresarial implica cumplir con las leyes y regulaciones aplicables. Una empresa ética se asegura de que sus operaciones y prácticas comerciales cumplan con las normas y regulaciones establecidas en todas las áreas relevantes, como el empleo, los impuestos, el medio ambiente y la protección del consumidor. Esto no solo evita sanciones legales, sino que también muestra el compromiso de la empresa con la responsabilidad y el cumplimiento normativo.

9.1.3- **Retención y atracción de talento:** Las empresas éticas y socialmente responsables a menudo son más atractivas para los empleados talentosos. Los profesionales buscan trabajar en empresas que valoren la ética, la diversidad, la inclusión y el impacto social positivo. Una cultura empresarial ética y una responsabilidad social claramente definida pueden ayudar a retener a los empleados existentes y a atraer a nuevos talentos.

9.1.4- Relaciones con los stakeholders: La ética empresarial y la responsabilidad social fortalecen las relaciones con los stakeholders clave, como clientes, proveedores, comunidades locales y accionistas. Las empresas éticas se esfuerzan por mantener relaciones comerciales justas, transparentes y mutuamente beneficiosas. Además, se preocupan por el bienestar de la comunidad y el medio ambiente en el que operan, lo que puede generar un mayor apoyo y colaboración de los stakeholders.

9.1.5- Sostenibilidad a largo plazo: La ética empresarial y la responsabilidad social contribuyen a la sostenibilidad a largo plazo de una empresa. Al considerar los impactos sociales, ambientales y éticos de las decisiones comerciales, las empresas pueden evitar prácticas insostenibles que puedan tener consecuencias negativas a largo plazo. Al actuar de manera responsable, una empresa puede construir un negocio sólido y sostenible que tenga un impacto positivo en la sociedad y el medio ambiente.

9.1.6- Contribución a un mundo mejor: Las empresas éticas y socialmente responsables pueden tener un impacto más allá de su propio éxito financiero. Pueden ser agentes de cambio y contribuir a la construcción de un mundo mejor. Al abordar los desafíos sociales y ambientales, como la pobreza, la desigualdad y el cambio climático, las empresas pueden utilizar su influencia y recursos para promover soluciones y generar un impacto positivo en la sociedad.

La ética empresarial y la responsabilidad social no solo son importantes desde un punto de vista moral, sino que también son fundamentales para el éxito a largo plazo de una empresa. Integrar estos principios en la cultura y las prácticas comerciales puede generar beneficios tanto para la empresa como para la sociedad en general.

9.2.- Integración de valores y principios en la toma de decisiones empresariales.

La toma de decisiones empresariales éticas y responsables es fundamental para el éxito a largo plazo de una empresa. Integrar valores y principios sólidos en el proceso de toma de decisiones ayuda a garantizar que las acciones de la empresa estén alineadas con su visión, misión y propósito. A continuación, se presentan algunas consideraciones importantes para integrar valores y principios en la toma de decisiones empresariales:

9.2.1- **Definir los valores fundamentales de la empresa:** Comienza por identificar y definir los valores fundamentales que guiarán todas las decisiones de la empresa. Estos valores pueden incluir la integridad, la transparencia, el respeto, la responsabilidad social y ambiental, la excelencia, entre otros. Los valores fundamentales proporcionan una base sólida y coherente para la toma de decisiones éticas y responsables.

9.2.2- **Alinear las decisiones con la misión y visión de la empresa:** Antes de tomar una decisión importante, asegúrate de que esté alineada con la misión y visión de la empresa. Evalúa si la decisión contribuye al logro de los objetivos a largo plazo de la empresa y si es coherente con su propósito y propuesta de valor. Esto ayuda a evitar decisiones impulsivas o a corto plazo que puedan socavar la integridad y los principios de la empresa.

9.2.3- **Evaluar el impacto en stakeholders clave:** Considera cómo las decisiones empresariales afectarán a los stakeholders clave, como empleados, clientes, proveedores, comunidades locales y el medio ambiente. Evalúa si la decisión promueve el bienestar y la equidad de los stakeholders, y si respeta sus derechos y necesidades. El enfoque centrado en los stakeholders ayuda a evitar decisiones que puedan tener un impacto negativo en las relaciones comerciales y la reputación de la empresa.

9.2.4- **Analizar las consecuencias a largo plazo:** Antes de tomar una decisión, evalúa cuidadosamente las posibles consecuencias a largo plazo. Considera no solo los impactos financieros inmediatos, sino también los efectos sociales, ambientales y éticos a largo plazo. Esto implica examinar los riesgos y beneficios potenciales, así como las posibles ramificaciones éticas de la decisión. Una perspectiva a largo plazo ayuda a evitar decisiones que puedan generar problemas futuros o dañar la reputación de la empresa.

9.2.5- Fomentar una cultura de ética y responsabilidad: La integración de valores y principios en la toma de decisiones empresariales debe ser parte de la cultura organizacional. Fomenta una cultura empresarial que promueva la ética, la responsabilidad y el cumplimiento normativo. Esto implica establecer políticas claras, brindar capacitación en ética empresarial, recompensar y reconocer el comportamiento ético, y fomentar una comunicación abierta y transparente dentro de la empresa.

9.2.6- Buscar asesoramiento y perspectivas externas: En casos difíciles o complejos, considera buscar asesoramiento y perspectivas externas, como consultores éticos o expertos en responsabilidad social empresarial. Esto puede ayudar a ampliar el espectro de consideraciones éticas y a evaluar diferentes opciones desde una perspectiva imparcial. Además, el diálogo con otras empresas y organizaciones puede proporcionar ideas y buenas prácticas para la toma de decisiones éticas.

Integrar valores y principios en la toma de decisiones empresariales es esencial para construir una empresa ética, responsable y sostenible. A través de este enfoque, no solo se generan beneficios a largo plazo, sino que también se contribuye al bienestar de los stakeholders y se fortalece la reputación de la empresa en el mercado.

9.3.- Impacto positivo en la comunidad y el medio ambiente.

En la actualidad, cada vez es más importante que las empresas asuman la responsabilidad de su impacto en la comunidad y el medio ambiente. Más allá de buscar únicamente la rentabilidad financiera, las empresas pueden generar un impacto positivo en la sociedad al contribuir al desarrollo sostenible y al bienestar de las comunidades en las que operan. A continuación, se presentan algunas consideraciones clave sobre el impacto positivo en la comunidad y el medio ambiente:

9.3.1- Responsabilidad social empresarial: La responsabilidad social empresarial implica que las empresas adopten prácticas y políticas que demuestren su compromiso con el bienestar de la sociedad. Esto puede incluir la implementación de programas de responsabilidad social, la promoción de la diversidad y la inclusión, el apoyo a organizaciones sin fines de lucro y la contribución al desarrollo de la comunidad local. Al enfocarse en el impacto social, las empresas pueden generar beneficios tangibles y mejorar su reputación en el mercado.

9.3.2- **Desarrollo sostenible:** El desarrollo sostenible implica satisfacer las necesidades del presente sin comprometer la capacidad de las futuras generaciones para satisfacer sus propias necesidades. Las empresas pueden contribuir al desarrollo sostenible al adoptar prácticas empresariales responsables y sostenibles. Esto puede incluir la gestión eficiente de los recursos, la reducción de la huella ambiental, la promoción de energías renovables y la adopción de prácticas de producción y consumo responsables.

9.3.3- **Involucramiento con la comunidad:** Las empresas pueden generar un impacto positivo en la comunidad al involucrarse activamente con ella. Esto puede incluir el establecimiento de alianzas con organizaciones comunitarias, la participación en programas de voluntariado, la colaboración con instituciones educativas y el apoyo a proyectos y actividades locales. Al trabajar en conjunto con la comunidad, las empresas pueden identificar necesidades específicas y contribuir de manera significativa a su desarrollo y bienestar.

9.3.4- **Gestión ambiental:** La gestión ambiental adecuada es fundamental para minimizar el impacto negativo de las actividades empresariales en el medio ambiente. Esto implica implementar prácticas de gestión de residuos, conservación de recursos naturales, reducción de emisiones y control de contaminantes. Al adoptar medidas proactivas para proteger el medio ambiente, las empresas pueden contribuir a la preservación de los ecosistemas, la mitigación del cambio climático y la creación de un entorno más saludable para las generaciones futuras.

9.3.5- **Transparencia y rendición de cuentas:** La transparencia y la rendición de cuentas son aspectos fundamentales del impacto positivo en la comunidad y el medio ambiente. Las empresas deben comunicar abierta y transparentemente sus acciones y resultados en términos de responsabilidad social y ambiental. Esto implica divulgar informes de sostenibilidad, establecer indicadores de desempeño y someterse a auditorías externas para garantizar la veracidad y confiabilidad de la información. La transparencia fomenta la confianza y permite que los stakeholders evalúen el impacto real de la empresa.

9.3.6- Innovación y tecnología sostenible: La innovación y la tecnología sostenible juegan un papel crucial en la generación de un impacto positivo en la comunidad y el medio ambiente. Las empresas pueden desarrollar soluciones innovadoras que aborden desafíos sociales y ambientales, como el acceso a energía limpia, la gestión eficiente del agua, la agricultura sostenible y la movilidad verde. Al adoptar tecnologías sostenibles y promover la innovación responsable, las empresas pueden liderar el cambio hacia un futuro más sostenible y ayudar a resolver problemas globales.

Generar un impacto positivo en la comunidad y el medio ambiente no solo es una responsabilidad ética, sino que también puede ser una estrategia empresarial inteligente. Al comprometerse con prácticas empresariales responsables y sostenibles, las empresas pueden mejorar su reputación, fortalecer sus relaciones con los stakeholders y contribuir al desarrollo de un mundo más justo y equitativo.

10.- Casos de estudio y lecciones aprendidas

10.1.- Análisis de casos reales de emprendedores y empresas exitosas.

El estudio de casos reales de emprendedores y empresas exitosas puede proporcionar valiosas lecciones y perspectivas sobre los desafíos y las estrategias que contribuyen al éxito empresarial. A continuación, se presentan algunos casos de emprendedores y empresas que han logrado destacarse en diferentes industrias y sectores:

- **Caso 1: Amazon:** Jeff Bezos fundó Amazon en 1994 como una librería en línea. A través de una visión audaz y una estrategia centrada en el cliente, Amazon se ha convertido en una de las empresas más grandes y exitosas del mundo. Su enfoque en la innovación, la logística eficiente, la personalización de la experiencia del cliente y la diversificación de productos y servicios ha sido clave para su crecimiento continuo.

- **Caso 2: Airbnb:** Brian Chesky, Joe Gebbia y Nathan Blecharczyk fundaron Airbnb en 2008 como una plataforma para alquilar alojamientos en todo el mundo. Su enfoque disruptivo y la creación de una comunidad global de anfitriones y viajeros les permitió transformar la industria hotelera. La plataforma ha revolucionado la forma en que las personas viajan y ha generado una economía colaborativa que conecta a personas de diferentes culturas y países.

- **Caso 3: Tesla:** Elon Musk fundó Tesla en 2003 con el objetivo de acelerar la transición hacia vehículos eléctricos. A través de su enfoque en la innovación tecnológica, el diseño atractivo y el rendimiento superior, Tesla ha revolucionado la industria automotriz. Su visión de un futuro sostenible y la construcción de una infraestructura de carga eléctrica global han sido fundamentales para su éxito y liderazgo en el mercado de vehículos eléctricos.

- **Caso 4: Patagonia:** Patagonia, una empresa de ropa y equipos para actividades al aire libre, se ha destacado por su enfoque en la responsabilidad ambiental y social. Bajo el liderazgo de Yvon Chouinard, Patagonia ha integrado prácticas sostenibles en toda su cadena de suministro y ha abogado por la conservación del medio ambiente. Su enfoque en la calidad de los productos, la transparencia y el compromiso con causas ambientales ha creado una base de clientes leales y una sólida reputación de marca.

- **Caso 5: Warby Parker:** Warby Parker es una empresa de venta de anteojos en línea que se ha destacado por su modelo de negocio disruptivo y su compromiso social. Fundada por Neil Blumenthal, Dave Gilboa, Andrew Hunt y Jeffrey Raider, Warby Parker ofrece anteojos de calidad a precios asequibles y dona un par de anteojos a personas necesitadas por cada venta realizada. Su enfoque en la experiencia del cliente, la transparencia y la responsabilidad social ha sido clave para su crecimiento y reconocimiento en la industria.

Estos casos de emprendedores y empresas exitosas destacan la importancia de la visión estratégica, la innovación, el enfoque en el cliente, la responsabilidad social y la capacidad de adaptación al cambio. Al analizar estos casos, los emprendedores pueden extraer lecciones y principios que pueden aplicar a sus propios proyectos y negocios.

10.2.- Lecciones aprendidas de situaciones empresariales específicas.

El mundo empresarial está lleno de situaciones únicas y desafiantes que pueden brindar valiosas lecciones a emprendedores y empresarios. A continuación, se presentan algunas situaciones empresariales específicas y las lecciones que podemos extraer de ellas:

10.2.1- **Fracaso empresarial:** Muchos emprendedores han experimentado el fracaso en algún momento de su carrera. El fracaso puede ser una fuente de aprendizaje invaluable, ya que nos enseña la importancia de la resiliencia, la adaptabilidad y la capacidad de aprendizaje. Al analizar las causas del fracaso, podemos identificar áreas de mejora y ajustar nuestra estrategia para futuros emprendimientos.

10.2.2- Innovación disruptiva: La historia empresarial está llena de ejemplos de empresas que han sido desplazadas por la llegada de nuevas tecnologías o modelos de negocio disruptivos. La lección clave aquí es que la adaptación al cambio y la capacidad de anticiparse y abrazar la innovación son fundamentales para mantener la relevancia en el mercado. Las empresas exitosas no solo deben estar al tanto de las tendencias y los avances tecnológicos, sino también estar dispuestas a desafiar sus propios modelos de negocio establecidos.

10.2.3- Crisis de reputación: Las crisis de reputación pueden tener un impacto significativo en una empresa. La lección clave es que la transparencia, la comunicación efectiva y la capacidad de gestionar adecuadamente una crisis son esenciales para proteger la imagen y la reputación de la empresa. Además, la construcción de una base sólida de valores éticos y principios corporativos puede ayudar a prevenir crisis y a mantener la confianza de los clientes y los stakeholders.

10.2.4- Expansión internacional: La expansión a mercados internacionales puede presentar desafíos únicos. La lección aquí es que la investigación exhaustiva, la comprensión de las diferencias culturales y la adaptación a los requisitos legales y comerciales locales son clave para el éxito en la expansión internacional. Además, establecer alianzas estratégicas con socios locales puede facilitar el ingreso a nuevos mercados y ayudar a superar barreras.

10.2.5- Gestión del crecimiento rápido: El crecimiento rápido puede ser emocionante, pero también puede presentar desafíos de gestión y escalabilidad. La lección clave es que la planificación anticipada, el establecimiento de sistemas y procesos eficientes, y la contratación de un equipo capacitado son esenciales para gestionar un crecimiento rápido de manera sostenible. Además, mantener el enfoque en la calidad y la satisfacción del cliente es fundamental para garantizar la retención y lealtad de los clientes.

Estas situaciones empresariales específicas nos enseñan que el mundo empresarial está lleno de altibajos y desafíos. Sin embargo, cada situación brinda valiosas lecciones y oportunidades de crecimiento. Los emprendedores y empresarios exitosos son aquellos que pueden aprender de estas experiencias, adaptarse y aplicar sus conocimientos para enfrentar nuevos desafíos y lograr el éxito en sus negocios.

10.3.- Inspiración y motivación para los emprendedores.

El camino del emprendimiento puede ser desafiante y requiere una gran dosis de inspiración y motivación para superar obstáculos y perseverar en la búsqueda del éxito. A continuación, se presentan algunas fuentes de inspiración y consejos motivadores para los emprendedores:

- **Historias de éxito:** Leer y aprender sobre las historias de emprendedores exitosos puede ser una fuente inagotable de inspiración. Conocer los desafíos que enfrentaron, las decisiones que tomaron y cómo superaron las adversidades puede motivarte a seguir adelante y creer en tu propio potencial.

- **Mentores y redes de apoyo:** Buscar mentores y formar parte de redes de apoyo empresarial puede brindarte la orientación y el apoyo emocional que necesitas. Interactuar con personas que han pasado por experiencias similares puede inspirarte y motivarte a seguir adelante.

- **Fracaso como oportunidad:** Cambiar la percepción del fracaso y verlo como una oportunidad de aprendizaje puede ser una fuente de motivación. Los emprendedores exitosos han experimentado fracasos en algún momento de sus carreras, pero han utilizado esas experiencias para crecer y mejorar. No tengas miedo de fracasar, sino utiliza cada obstáculo como una oportunidad para crecer y aprender.

- **Visualización y afirmaciones positivas:** Practicar la visualización de tus metas y afirmar positivamente tus capacidades puede ayudarte a mantener la motivación y la confianza en ti mismo. Visualiza el éxito y repite afirmaciones positivas que refuercen tu creencia en tu capacidad para lograrlo.

- **Mantener la pasión:** La pasión por lo que haces es una fuente de motivación infinita. Recuerda constantemente por qué comenzaste tu negocio y qué es lo que te apasiona. Cultivar esa pasión te ayudará a superar los momentos difíciles y te mantendrá enfocado en tus metas a largo plazo.

- **Celebrar los logros:** Reconoce y celebra cada logro, por pequeño que sea. Celebrar tus éxitos te ayudará a mantener la motivación y la confianza en ti mismo. Además, te recordará el progreso que has hecho en tu viaje emprendedor.

Recuerda que la inspiración y la motivación son fuentes internas que debes cultivar constantemente. Encuentra tus propias fuentes de inspiración y aplica técnicas que te mantengan motivado a lo largo de tu camino como emprendedor. ¡Recuerda que tú eres la fuerza impulsora detrás de tu propio éxito!

11.- Conclusiones y consejos finales

11.1.- Recapitulación de los puntos clave del libro.

A lo largo de este libro, hemos explorado una amplia gama de temas relacionados con los negocios y el emprendimiento. Ahora, es el momento de recapitular los puntos clave que hemos abordado:

11.1.1- **Presentación del autor y su experiencia en negocios y emprendimiento:** Compartiste tu experiencia como emprendedor y cómo has logrado montar varios negocios, enfrentando tanto éxitos como fracasos.

11.1.2- **Objetivos del libro y a quién está dirigido:** Establecimos los objetivos del libro, que incluyen proporcionar información y orientación práctica a los emprendedores, empresarios y aquellos interesados en el mundo de los negocios.

11.1.3- **Definición de emprendimiento y su importancia en la economía:** Exploramos qué es el emprendimiento y cómo desempeña un papel vital en el crecimiento económico y la generación de empleo.

11.1.4- **Características y habilidades clave de los emprendedores exitosos:** Identificamos las características y habilidades esenciales que los emprendedores exitosos poseen, como la pasión, la perseverancia, la creatividad, la capacidad de asumir riesgos y el pensamiento innovador.

11.1.5- **Identificación de oportunidades de negocio y generación de ideas:** Exploramos métodos para identificar oportunidades de negocio y cómo generar ideas innovadoras que puedan convertirse en emprendimientos exitosos.

11.1.6- **Importancia de un plan de negocios y cómo desarrollarlo:** Discutimos la importancia de un plan de negocios sólido y proporcionamos pautas paso a paso para desarrollar uno, incluyendo el análisis de mercado, la estrategia empresarial, la gestión financiera y las proyecciones.

11.1.7- Análisis del mercado y la competencia: Destacamos la importancia de comprender el mercado y la competencia, y proporcionamos herramientas y técnicas para realizar un análisis exhaustivo.

11.1.8- Definición de la propuesta de valor y estrategia empresarial: Exploramos cómo definir una propuesta de valor única y cómo desarrollar una estrategia empresarial efectiva para destacar en el mercado.

11.1.9- Aspectos básicos de la gestión financiera en los negocios: Analizamos los aspectos fundamentales de la gestión financiera, incluyendo la contabilidad, el presupuesto, el control de costos y la gestión de flujo de efectivo.

11.1.10- Estimación de costos, ingresos y proyecciones financieras: Presentamos métodos para estimar costos y proyecciones financieras realistas, y cómo evaluar la viabilidad financiera de un negocio.

11.1.11- Fuentes de financiamiento y estrategias de financiación: Exploramos diversas fuentes de financiamiento disponibles para los emprendedores y estrategias para asegurar los recursos financieros necesarios para iniciar y hacer crecer un negocio.

11.1.12- Estrategias de marketing para posicionar el negocio en el mercado: Abordamos estrategias y tácticas de marketing efectivas para promover el negocio, atraer clientes y construir una base sólida de clientes leales.

11.1.13- Desarrollo de una estrategia de marca efectiva: Discutimos cómo desarrollar una estrategia de marca sólida que comunique los valores y la identidad de la empresa, y cómo construir una reputación positiva en el mercado.

11.1.14- Técnicas de venta y construcción de relaciones con los clientes: Exploramos técnicas de venta efectivas y cómo construir relaciones sólidas con los clientes para impulsar el crecimiento y la lealtad de los mismos.

- **11.1.15- Organización y estructura empresarial:** Discutimos la importancia de una organización y estructura empresarial efectiva para optimizar la eficiencia y el rendimiento del negocio.

- **11.1.16- Gestión eficiente de los recursos humanos y los procesos operativos:** Analizamos cómo gestionar de manera efectiva los recursos humanos y los procesos operativos para maximizar la productividad y alcanzar los objetivos empresariales.

- **11.1.17- Implementación de sistemas de calidad y mejora continua:** Destacamos la importancia de implementar sistemas de calidad y cómo buscar la mejora continua para asegurar la excelencia en los productos o servicios ofrecidos.

- **11.1.18- Importancia de la innovación en el entorno empresarial actual:** Exploramos cómo la innovación impulsa el éxito empresarial y cómo fomentar un entorno propicio para la generación de ideas innovadoras.

- **11.1.19- Incorporación de tecnología en los procesos de negocio:** Discutimos cómo aprovechar la tecnología para optimizar los procesos de negocio, mejorar la eficiencia y la productividad, y satisfacer las demandas cambiantes del mercado.

- **11.1.20- Estrategias para fomentar la creatividad y la innovación en la empresa:** Presentamos estrategias prácticas para fomentar un entorno creativo y promover la innovación en todos los niveles de la empresa.

- **11.1.21- Estrategias para escalar el negocio y alcanzar el crecimiento sostenible:** Analizamos enfoques y estrategias para escalar un negocio y lograr un crecimiento sostenible a largo plazo.

- **11.1.22- Consideraciones legales y financieras en el proceso de expansión:** Exploramos las consideraciones legales y financieras que los emprendedores deben tener en cuenta al expandir su negocio, incluyendo la estructura legal, los impuestos y los contratos.

- **11.1.23-Gestión de riesgos y superación de obstáculos en el camino:** Analizamos cómo identificar y gestionar los riesgos en el negocio, y cómo superar los obstáculos y desafíos que puedan surgir en el camino del emprendimiento.

- **11.1.24-Importancia de la ética empresarial y la responsabilidad social:** Discutimos la importancia de integrar la ética empresarial y la responsabilidad social en la toma de decisiones y en las prácticas empresariales.

- **11.1.25-Integración de valores y principios en la toma de decisiones empresariales:** Destacamos la importancia de tomar decisiones empresariales basadas en valores y principios éticos, y cómo esto puede contribuir al éxito a largo plazo.

- **11.1.26-Impacto positivo en la comunidad y el medio ambiente:** Analizamos cómo las empresas pueden tener un impacto positivo en la comunidad y el medio ambiente a través de prácticas sostenibles y responsables.

- **11.1.27-Análisis de casos reales de emprendedores y empresas exitosas:** Estudiamos casos reales de emprendedores y empresas exitosas para extraer lecciones clave y aprender de sus experiencias.

- **11.1.28-Lecciones aprendidas de situaciones empresariales específicas:** Analizamos situaciones empresariales específicas y extraemos lecciones aprendidas, brindando consejos y estrategias para afrontar desafíos similares.

- **11.1.29-Inspiración y motivación para los emprendedores:** Proporcionamos inspiración y motivación a través de historias de éxito, citas inspiradoras y consejos prácticos para mantenerse enfocado y perseverar en el camino del emprendimiento.

- **11.1.30-Recapitulación de los puntos clave del libro:** Hemos resumido los puntos clave que hemos abordado en cada capítulo para ayudarte a recordar y aplicar los conceptos fundamentales en tu camino como emprendedor.

11.2.- Consejos prácticos para los emprendedores y aspirantes a emprendedores.

Convertirse en emprendedor y construir un negocio exitoso puede ser un desafío emocionante pero también exigente. Aquí hay algunos consejos prácticos que pueden ayudarte en tu viaje como emprendedor:

11.2.1- **Define claramente tu visión:** Antes de comenzar, define claramente tu visión y tus metas empresariales a largo plazo. Esto te ayudará a mantener el enfoque y la dirección en todo momento.

11.2.2- **Aprende continuamente:** Nunca dejes de aprender. Mantente actualizado sobre las últimas tendencias en tu industria, mejora tus habilidades empresariales y busca oportunidades de crecimiento personal y profesional.

11.2.3- **Construye una red sólida:** La red de contactos es crucial en el mundo empresarial. Conéctate con otros emprendedores, profesionales de la industria y mentores que puedan brindarte apoyo, orientación y oportunidades de colaboración.

11.2.4- **Acepta los errores como oportunidades de aprendizaje:** Los errores son inevitables en el camino del emprendimiento. En lugar de desanimarte, enfócate en lo que puedes aprender de ellos y cómo puedes mejorar en el futuro.

11.2.5- **Toma riesgos calculados:** Ser emprendedor implica asumir riesgos, pero no todos los riesgos valen la pena. Aprende a evaluar y tomar riesgos calculados que te brinden la posibilidad de crecimiento y éxito, minimizando al mismo tiempo los riesgos innecesarios.

11.2.6- **Rodéate de un equipo talentoso:** Construye un equipo de personas talentosas y apasionadas que compartan tu visión y complementen tus habilidades. Un equipo fuerte es fundamental para el éxito empresarial.

11.2.7- **Mantén un equilibrio entre trabajo y vida personal:** El emprendimiento puede consumir mucho tiempo y energía, pero es importante cuidar tu bienestar físico y emocional. Encuentra un equilibrio saludable entre el trabajo y la vida personal para evitar el agotamiento.

11.2.8- **Sé adaptable y flexible:** El entorno empresarial es dinámico y puede cambiar rápidamente. Aprende a adaptarte y ser flexible en tu enfoque y estrategias para aprovechar las oportunidades y superar los desafíos.

11.2.9- **No temas pedir ayuda:** No tengas miedo de pedir ayuda cuando la necesites. Busca asesoramiento de expertos, mentores y profesionales en áreas en las que necesites apoyo, como finanzas, marketing o gestión.

11.2.10-**Mantén la pasión y la perseverancia:** La pasión por lo que haces y la perseverancia en momentos difíciles son fundamentales para superar los obstáculos y alcanzar el éxito empresarial a largo plazo.

Recuerda, cada viaje emprendedor es único y personal. Estos consejos te proporcionan una base sólida, pero también es importante escuchar tu intuición y confiar en tus propias habilidades y conocimientos.

11.3.- Mensaje final de motivación y empoderamiento.

¡Felicitaciones por llegar hasta el final de este libro sobre negocios y emprendimiento! Has demostrado un interés y compromiso genuino para aprender y crecer como emprendedor. Quiero compartir contigo un mensaje final de motivación y empoderamiento para inspirarte en tu camino empresarial:

- **Cree en ti mismo:** El primer paso para alcanzar el éxito es creer en ti mismo y en tus habilidades. Confía en tu visión y capacidades, y mantén la determinación incluso en los momentos difíciles.

- **Acepta los desafíos como oportunidades:** Cada desafío que enfrentes en tu camino empresarial es una oportunidad para aprender, crecer y superarte. Abraza los desafíos con valentía y conviértelos en oportunidades de crecimiento y desarrollo.

- **Mantén la pasión encendida:** La pasión es el combustible que impulsa el éxito empresarial. Mantén viva tu pasión por lo que haces y permítela inspirar y motivarte a diario.

- **Aprende de tus errores y fracasos:** Los errores y fracasos son lecciones valiosas en el camino del emprendimiento. No te desanimes por ellos, sino apréndelos y utilízalos como trampolines para el éxito futuro.

- **Rodéate de personas positivas y de apoyo:** Tu entorno puede influir en tu éxito. Rodéate de personas positivas, motivadas y de apoyo que te animen y te inspiren a alcanzar tus metas.

- **Mantente actualizado y adaptable:** El mundo empresarial está en constante evolución. Mantente actualizado con las últimas tendencias, tecnologías y estrategias en tu industria y sé flexible para adaptarte a los cambios.

- **Celebra los logros, por pequeños que sean:** Reconoce y celebra cada logro en tu camino empresarial, por pequeño que sea. Esto te ayudará a mantener la motivación y a mantener una mentalidad positiva.

- **Nunca dejes de aprender y crecer:** El aprendizaje continuo es la clave para el crecimiento y el éxito empresarial a largo plazo. Mantente abierto a nuevas ideas, perspectivas y oportunidades de aprendizaje.

- **Sé consciente de tu impacto:** Como emprendedor, tienes la capacidad de generar un impacto positivo en tu comunidad y en el mundo. Sé consciente de tus acciones y decisiones, y busca formas de contribuir de manera significativa y sostenible.

- **Recuerda el propósito detrás de tu negocio:** Siempre mantén presente el propósito y la misión detrás de tu negocio. Mantén tu enfoque en cómo puedes brindar valor a tus clientes, empleados y a la sociedad en general.

Recuerda, emprender es un viaje emocionante y desafiante. Habrá altibajos, momentos de éxito y momentos de dificultad, pero lo más importante es mantener tu visión, aprender de cada experiencia y disfrutar del camino. ¡Confía en ti mismo y persigue tus sueños empresariales con pasión y determinación!

Palabras clave que debes conocer

Agilidad empresarial: La capacidad de una organización para adaptarse y responder rápidamente a los cambios y desafíos del entorno empresarial.

Alianzas estratégicas: Las colaboraciones y asociaciones entre empresas con el objetivo de obtener beneficios mutuos y aprovechar sinergias.

Análisis de mercado: La evaluación sistemática de las características, tendencias y demandas del mercado para identificar oportunidades y tomar decisiones comerciales informadas.

Análisis de riesgos: La evaluación sistemática de los riesgos potenciales y la probabilidad de ocurrencia para tomar decisiones informadas sobre la gestión de riesgos.

Análisis FODA: El análisis de Fortalezas, Oportunidades, Debilidades y Amenazas de una empresa para evaluar su posición competitiva y tomar decisiones estratégicas.

Benchmarking: El proceso de comparar y medir el rendimiento de una empresa o sus procesos con los estándares o mejores prácticas de la industria.

Canales de distribución: Los diferentes medios utilizados para llevar productos o servicios desde el fabricante hasta los clientes finales.

Capital de riesgo: Los fondos de inversión proporcionados por inversionistas que buscan obtener ganancias a través de inversiones en empresas emergentes y de alto potencial.

Capital humano: Los conocimientos, habilidades y experiencia de las personas que trabajan en una organización y su contribución al éxito empresarial.

Comercio electrónico: La compra y venta de bienes y servicios a través de plataformas en línea, como tiendas virtuales o marketplaces.

Competencias básicas: Las habilidades y capacidades fundamentales que una empresa posee y que le confieren ventajas competitivas en su industria.

Crowdfunding: La obtención de fondos para un proyecto o negocio a través de una comunidad en línea mediante donaciones, préstamos o inversiones.

Desarrollo personal: El proceso de mejorar las habilidades, conocimientos y competencias personales para alcanzar el crecimiento y el éxito tanto en la vida personal como profesional.

Diferenciación: La estrategia de destacar y destacarse de la competencia al ofrecer características únicas o proporcionar un valor adicional a los clientes.

Diversificación: La estrategia de expandir las operaciones de una empresa hacia nuevos productos, mercados o industrias para reducir el riesgo y aprovechar nuevas oportunidades.

E-commerce: El proceso de compra y venta de productos o servicios a través de internet y plataformas en línea.

Economía de escala: Los beneficios en términos de costos y eficiencia que una empresa puede obtener al aumentar la producción y reducir los costos unitarios.

Efecto de red: El valor adicional que obtienen los usuarios de un producto o servicio a medida que aumenta el número de usuarios o participantes en la red.

Emprendimiento social: El proceso de crear y gestionar una empresa con el objetivo principal de abordar problemas sociales o ambientales y generar un impacto positivo.

Estrategia de diferenciación: El enfoque de destacar y comunicar las características únicas y ventajas competitivas de un producto o servicio en el mercado.

Estrategia de entrada al mercado: El plan y enfoque para ingresar a un nuevo mercado o lanzar un nuevo producto, considerando factores como la segmentación, el posicionamiento y la penetración.

Estrategia de precios: La determinación del precio de un producto o servicio con el objetivo de alcanzar los objetivos comerciales y maximizar los ingresos.

Estrategias de crecimiento: Las acciones y enfoques utilizados para expandir y hacer crecer un negocio, como la diversificación, la expansión geográfica o la adquisición.

Estrategias de marketing: Las tácticas y acciones planificadas para promover, posicionar y comercializar un producto o servicio en el mercado.

Estrategias de retención de clientes: Las tácticas y acciones utilizadas para mantener y fidelizar a los clientes existentes, como programas de lealtad y servicio al cliente excepcional.

Expansión internacional: La estrategia de ingresar a nuevos mercados fuera del país de origen para aumentar la presencia y las oportunidades comerciales.

Factibilidad: La evaluación de la viabilidad y practicidad de un proyecto o idea empresarial en términos de recursos, costos y resultados esperados.

Financiamiento: La obtención de recursos financieros necesarios para iniciar o hacer crecer un negocio, ya sea a través de inversionistas, préstamos o autofinanciamiento.

Flujo de efectivo: El movimiento de entrada y salida de dinero en un negocio, que refleja su liquidez y capacidad para cumplir con las obligaciones financieras.

Franquicia: Un modelo de negocio en el que una empresa otorga a terceros el derecho de operar su negocio bajo su marca y siguiendo su modelo establecido.

Gamificación: La aplicación de elementos y mecánicas de juego en contextos no relacionados con juegos para motivar y comprometer a las personas.

Gestión de inventario: El control y seguimiento de los niveles de existencias de productos para garantizar una oferta adecuada y evitar exceso o escasez.

Gestión del cambio: La capacidad de liderar y adaptarse a los cambios dentro de una organización para mantener la competitividad y el crecimiento.

Gestión del riesgo: El proceso de identificar, evaluar y mitigar los riesgos potenciales que pueden afectar negativamente el logro de los objetivos empresariales.

Gestión del talento: Las prácticas y estrategias utilizadas para reclutar, desarrollar y retener a empleados talentosos y motivados en una organización.

Gestión del tiempo: La práctica de planificar, organizar y controlar el uso efectivo del tiempo para aumentar la productividad y lograr resultados.

Globalización: La interconexión e integración creciente de los mercados, empresas y culturas a nivel mundial.

Gobierno corporativo: El marco de políticas, procesos y prácticas que rigen la forma en que una empresa es dirigida, administrada y controlada.

Ingresos pasivos: Los ingresos generados sin una participación activa continua, como los ingresos por alquiler, inversiones o regalías.

Innovación abierta: El enfoque de buscar y aprovechar ideas y conocimientos externos a través de la colaboración con socios, proveedores o clientes.

Innovación disruptiva: Una innovación radical que transforma un mercado existente al ofrecer una solución completamente nueva y disruptiva.

Innovación: La creación e implementación de ideas nuevas y mejoradas que generen valor agregado para los clientes y la empresa.

Investigación de clientes: El proceso de recopilar información y obtener perspectivas directas de los clientes sobre sus necesidades, preferencias y experiencias.

Investigación de mercado: La recopilación y análisis de información sobre el mercado, los consumidores y la competencia para tomar decisiones informadas sobre el marketing y las estrategias comerciales.

Investigación y desarrollo (I+D): La actividad de búsqueda de conocimientos y desarrollo de nuevas tecnologías, productos o procesos para impulsar la innovación empresarial.

Liderazgo: La habilidad de influir y guiar a un equipo hacia el logro de metas y objetivos comunes.

Marca personal: La imagen, reputación y percepción que una persona construye y proyecta en relación con sus habilidades, logros y valores.

Marketing digital: El uso de canales digitales, como el marketing en línea, las redes sociales y la publicidad digital, para promocionar y comercializar productos o servicios.

Mentor: Una persona con experiencia y conocimientos en un área específica que guía y asesora a otra persona en su desarrollo profesional o empresarial.

Mentoría: El proceso en el que una persona más experimentada (mentor) brinda orientación, apoyo y conocimientos a alguien menos experimentado (mentee) en su desarrollo profesional o empresarial.

Modelo de negocio: La forma en que una empresa crea, entrega y captura valor. Incluye cómo genera ingresos, define su propuesta de valor y establece su ventaja competitiva.

MVP (Producto Mínimo Viable): La versión inicial y básica de un producto o servicio que permite obtener retroalimentación temprana de los clientes.

Negocio en línea: Un negocio que opera principalmente a través de internet, ofreciendo productos, servicios o información a través de plataformas digitales.

Outsourcing: La contratación de servicios externos para realizar ciertas funciones o actividades empresariales en lugar de hacerlo internamente.

Patrocinio: La asociación de una empresa con un evento, organización o individuo con el fin de obtener visibilidad y promoción de marca.

Pensamiento lateral: Un enfoque creativo para resolver problemas y generar ideas innovadoras mediante la exploración de nuevas perspectivas y conexiones no convencionales.

Plan de contingencia: El conjunto de medidas y acciones previamente establecidas para hacer frente a situaciones imprevistas, desastres o crisis.

Plan de negocios: Un documento que describe la visión, objetivos, estrategias y proyecciones financieras de un negocio nuevo o existente.

Planificación estratégica: El proceso de establecer metas y objetivos a largo plazo, así como la formulación de estrategias y acciones para lograrlos.

Propiedad intelectual: Los derechos legales y la protección de las creaciones intelectuales, como patentes, marcas registradas y derechos de autor.

Propuesta de valor: La promesa y beneficios clave que ofrece un producto o servicio a los clientes y cómo se diferencia de la competencia.

Público objetivo: El grupo de personas específico al que se dirige un producto o servicio, basado en características demográficas, intereses o necesidades.

Redes sociales: Las plataformas en línea y comunidades que permiten a las personas conectarse, compartir información y establecer relaciones comerciales.

Reestructuración: Los cambios significativos realizados en la estructura, estrategia u operaciones de una empresa para mejorar su desempeño o adaptarse a nuevas condiciones del mercado.

Rentabilidad: La capacidad de generar ganancias y retornos financieros positivos en relación con la inversión o los activos utilizados.

Reputación de marca: La percepción y opinión generalizada que los clientes y el público en general tienen sobre una marca en términos de confianza, calidad y valores.

Resiliencia empresarial: La capacidad de una empresa para adaptarse, recuperarse y crecer frente a cambios, crisis o adversidades.

Responsabilidad social corporativa (RSC): El compromiso de una empresa de contribuir positivamente a la sociedad y el medio ambiente a través de prácticas éticas y sostenibles.

ROI (Retorno de la inversión): La medida de rentabilidad que compara la ganancia o beneficio obtenido con el costo o inversión inicial.

Segmentación de mercado: La identificación y clasificación de grupos de clientes con características y necesidades similares para adaptar las estrategias de marketing.

Viabilidad empresarial: La evaluación de la factibilidad y potencial éxito de una idea de negocio antes de su implementación.

www.ingramcontent.com/pod-product-compliance
Lightning Source LLC
Chambersburg PA
CBHW031537210526
45464CB00003B/1049